Julius Elter

Luther und der Wormser Reichstag. 1521

Julius Elter

Luther und der Wormser Reichstag. 1521

ISBN/EAN: 9783743667914

Hergestellt in Europa, USA, Kanada, Australien, Japan

Cover: Foto ©Lupo / pixelio.de

Weitere Bücher finden Sie auf **www.hansebooks.com**

Luther und der Wormser Reichstag.

(1521.)

Inaugural-Dissertation

zur

Erlangung der Doctorwürde

der

philosophischen Fakultät der Universität Leipzig

vorgelegt

von

Julius Elter

aus Lohmar in Rheinpreussen.

Bonn,

Universitäts-Buchdruckerei von Carl Georgi.

1885.

Herrn Prof. Dr. Maurenbrecher

in tiefster Verehrung und Dankbarkeit

zugeeignet.

Durch die päpstliche Bulle vom 15. Juni 1520 erfolgte die Verdammung Luthers. In 41 Punkten fasste sie seine Ketzereien zusammen, verbot seine Bücher zu lesen und zu verbreiten und befahl ihre Verbrennung. Luther und seine Anhänger sollten, falls sie nicht widerriefen, als notorische Ketzer den üblichen Strafen der Ketzerei verfallen[1]). Mit der Verbreitung und Ausführung der Bulle in Deutschland beauftragte der Papst ausser jenem Eck, welcher im Jahre vorher in der Leipziger Disputation Luther gegenüber gestanden hatte, die Nuntien Marino Caracciolo und Hieronymus Aleander[2]), von denen dieser als Vertreter der politischen, jener als Vertreter der kirchlichen Interessen erscheint. Als besonders wirksames päpstliches Organ auf dem Reichstage zu Worms von 1521[3]) tritt uns Aleander entgegen. Er sandte über den Gang der Verhandlungen eingehende Berichte an den Vicekanzler Julius von Medici ein. Diese für die Geschichte Luthers und des Wormser Reichstages in so hervorragendem Masse wichtigen Briefe sind, nachdem bereits Pallavicini und Münter dieselben benutzt, Friedrich sie unvollständig und ungenau mitgeteilt, nunmehr von zwei Seiten fast gleichzeitig herausgegeben worden, von Balan[4]) und Brieger[5]), auf die ich mich im

---

[1]) Maurenbrecher, Gesch. der kath. Reformation I, 177.

[2]) Ueber ihn vgl. man im allgemeinen den Artikel 'Aleander' in der Allg. Deutschen Biographie (I).

[3]) Vgl. noch Brieger, Quellen und Forschungen z. Gesch. d. Reformation. I, 1. 151 A. 1.

[4]) Monumenta reformationis Lutheranae ex tabulariis secretioribus S. sedis 1521—1525. coll. ord. ill. Petrus Balan. Ratisbonae 1884.

[5]) Quellen und Forschungen zur Gesch. der Reformation I.

folgenden stets beziehe. Durch die beiden genannten Publi-
kationen hat das früher bekannte Material eine Bereicherung
erfahren, die uns einen tieferen, wenngleich auch jetzt noch
nicht vollständigen Einblick in die Wormser Verhandlungen
in Betreff der Sache Luthers verstattet. In richtiger chrono-
logischer Anordnung der Aleanderdepeschen, die bei Balan
nur höchst mangelhaft genannt werden kann, die aber Brieger im grossen und ganzen gelungen sein dürfte, liefern die
Berichte unter Berücksichtigung der von Balan beigefügten
Urkunden aus den Wormser Akten einen wesentlichen Bei-
trag zur Kenntnis der Vorgänge am Wormser Reichstage
in Sachen Luthers. Gegenwärtige Arbeit bildet einen Versuch, auf Grund des neu publicierten Materials unsere Kenntnis in dieser Hinsicht in etwa zu fördern.

In den Zeiten der grössten inneren Bewegungen war
die Leitung Deutschlands an Karl V. übergegangen. „Ein
merkwürdiges Schicksal", wie Ranke sagt[1]), war es, dass

Aleander und Luther 1521. Die vervollständigten Aleander-Depeschen
nebst Untersuchungen über den Wormser Reichstag von Theodor
Brieger. 1. Abt. Gotha 1884. Ueber die Litteratur der Aleander-
depeschen im einzelnen ist also jetzt zu verweisen auf Brieger
a. a. O. (Einleitung). Briegers Werk erschien, nachdem vorliegende
Arbeit zum teil schon beendigt war. — Eine Uebersicht über die
Litteratur des Wormser Reichstages stellte Maurenbrecher, kath.
Ref. I, 396 f. zusammen, der von neueren Erscheinungen noch bei-
zufügen sind:
    K. Jansen, Aleander am Reichstage zu Worms 1521. Auf
        Grundlage des berichtigten Friedrich'schen Textes seiner
        Briefe. Prgr. Kiel 1883.
    Th. Brieger, Neue Mitteilungen über Luther in Worms. Prgr.
        Marburg 1883.
    Derselbe, Quell. u. Forsch. s. o.
    (Thomas), Luther und die Reformationsbewegung in Deutsch-
        land vom J. 1520—32 in Auszügen aus Marino Sanuto's
        Diarien. Ansbach 1883.
    M. Lenz, M. Luther². Berlin 1883.
    Th. Kolde, M. Luther I. Gotha 1884.
    H. Baumgarten, Gesch. Karls V. I. Stuttgart 1885.
        [1]) Deutsche Gesch. im Zeitalter der Reformation. S. Werke. 4
I, 325.

dieses Oberhaupt Deutschlands, dem deutschen Wesen fremd, einen weiteren politischen Gesichtskreis hatte, wogegen das deutsche Interesse in den Hintergrund trat. Welche Stellung Karl zu den deutschen Interessen nehmen würde, konnte man nicht bestimmt wissen. „Kirche und Reich erzittern in ihren Grundvesten, und alle Welt richtet die Augen auf den jungen Kaiser, der das Reich unter so schwierigen und kläglichen Verhältnissen übernimmt, wie kaum einer seiner Vorfahren im Kaisertum. Wie wird er die jeden Augenblick drohenden inneren Kriege beschwichtigen, welche Heilmittel anwenden gegen die immer weiter um sich greifende Krankheit auf religiösem Gebiete? Das Volk sieht dem König entgegen wie seinem Retter aus schwerster Not" [1]. Wie man von allen Seiten mit allgemeiner Spannung auf den neuerwählten römischen Kaiser das Augenmerk richtete, in der Hoffnung, in ihm einen Retter aus der Not zu finden, so verlautete auch von Luthers Seite der Wunsch, dass der Kaiser als Verteidiger der Lehre Christi gegen die Urheber der päpstlichen Bulle auftrete, wenngleich das Vertrauen, in Karl einen Beschützer seiner Lehre zu finden, nicht sehr gross gewesen zu sein scheint [2].

Aleander hatte seinerseits den speciellen Auftrag, die weltliche Gewalt in Deutschland zu veranlassen, dass über die neue Lehre durch ein Generaledikt die weltlichen Strafen verhängt würden.

Wie in Löwen und in Lüttich vollzog Aleander, nach dessen kirchlicher Auffassung dem Papste allein die Entscheidung in Glaubenssachen zustand, den Fürsten dagegen nur die Ausführung des päpstlichen Urteils [3], die Verbrennung

---

[1] Aus Karl von Bodmann's Brief (v. 27. August 1520) bei Janssen, Gesch. des deutschen Volkes II 8, 128, vgl. Erasmi opera ed. Le Clerc (1703) III, 577 an Pirkheimer (v. 5. Sept. 1520): ais pestem sub Caroli Principis adventum desituram.
[2] Luthers Briefe hgg. von de Wette I, 494 (v. 11. (13.) Okt. 1520). I, 523 (v. 13. Nov.).
[3] Balan, monum. ref. Luth. S. 25 f. = Brieger, Quellen u. Forsch. I, 20 (11—17. Dez.) unzweifelhaft die erste von Worms aus gesandte Depesche Aleanders. Brieger a. a. O. S. 272.

von Luthers Schriften auch in Köln. Hier traf derselbe mit dem Kurfürsten Friedrich von Sachsen[1]) zusammen, überreichte ihm (am 4. November 1520) das päpstliche Breve[2]) und verlangte von ihm die Ausführung der Bulle für sein Herrschaftsgebiet[3]). Der Kurfürst beobachtete, wahrscheinlich auf Luthers Anraten, eine zurückhaltende Stellung, so dass Luther später noch dessen kluges, zuverlässiges und beständiges Verhalten lobend hervorhob[4]). Derselbe verwahrte sich dagegen, als Luthers Anwalt zu erscheinen[5]) und liess nach seiner Besprechung mit Erasmus (am 5. Nov.)[6]) den Legaten (am 6. Nov.) seine Meinung dahin abgeben: er wünsche, dass Luther gehört werde, nur damit die Wahrheit zu Tage trete[7]), da auch Luther sich erbötig gezeigt habe, zu erscheinen. Er stellte daher die Forderung, dass man Luther, unter Zusicherung öffentlichen Geleites, an einen passenden Ort kommen lassen und ihn dort vor wohlwollenden, gelehrten, frommen und unverdächtigen Richtern hören und über ihn erkennen solle. Nicht dürfe man, ohne ihn selbst gehört oder überwiesen zu haben, seine Schriften verbrennen[8]). Diese Forderung und Luthers Protes-

---

[1]) Ueber ihn giebt es eine Monographie von Kolde, Friedrich der Weise und die Anfänge der Reformation. Erlangen 1881. vgl. dazu Köstlin in den theol. Studien u. Kritiken 1882 S. 700 ff.

[2]) Balan a. a. O. S. 57 = Brieger, a. a. O. I, 62 (v. 14. Febr.). Mitteilungen über die Verhandlungen zu Köln in Lutheri opera varii argumenti V, 243 ff.

[3]) Balan S. 70. Bei Vergleichung von Balan S. 69 f. (Nr. 30) mit dem Berichte in Lutheri opp. varii arg. V, 244 und Spalatini annales reformationis (hgg. von Cyprian, Leipzig 1718) S. 10 f. ergiebt sich, dass das betreffende Aktenstück bei Balan die Rede ist, welche der päpstliche Nuntius am 4. Nov. an den Kurfürsten richtete. Diese Annahme wird noch unterstützt durch eine Notiz, welche Köstlin (theol. Stud. u. Krit. 1882 S. 694) mitteilt, die „Werbung" der päpstlichen Gesandten sei ursprünglich in lateinischer Sprache erfolgt.

[4]) Luthers Briefe bei de Wette I, 558 (v. 9. Febr. 1521).

[5]) opp. var. arg. V, 245 f. Spalatini ann. S. 23.

[6]) Spalatini ann. S. 28.

[7]) Spalatini ann. S. 24.

[8]) opp. var. arg. V, 247. Als intellektueller Urheber der ausgesprochenen Forderung erscheint der grosse Humanist Erasmus

tation [1]), welche der Kaiser in Köln erhielt [2]), scheinen den Erfolg gehabt zu haben, dass der Kaiser unter'm 28. Nov. an den Kurfürsten schrieb, er solle Luther auf den Reichstag zu Worms mitbringen, woselbst eine Commission von gelehrten und weisen Männern, die ihn verhörten, eingesetzt werden sollte [3]). Dieses Ansinnen ward vom Kurfürsten in einem Schreiben vom 20. Dez. abgelehnt. Unterdessen aber hatte Aleander um die Mitte des Dezember auf den Kaiser derart einzuwirken gewusst [4]), dass dieser am 17. d. M. seine frühere Aufforderung zurückzog. Die Exkommunikation Luthers durch den Papst gab, als sie dem Kaiser bekannt wurde, der Sache eine Wendung. Luther war durch den Papst gerichtet. Nach kirchlicher Auffassung konnte ein Anhören Luthers in Fragen, welche der Papst entschieden hatte, nicht mehr

(Kolde, Luthers Stellung zu Concil und Kirche S. 116 ff.), der öftors um soin Gutachten in der Sache ersucht wurde, der aber jede Gemeinschaft mit der Sache Luthers von sich wies, ohne dabei als Gegner Luthers auftreten zu wollen. Vgl. Erasmi opera III, 590 ff. an Peutinger (v. 9. Nov. 1520), Maurenbrecher, Studien und Skizzen S. 258, kath. Ref. S. 165. 186 und die daselbst citierten Belege, welche Werke überhaupt durchgängig zu vergleichen sind.

[1]) opp. var. arg. V, 4 ff. Das sie begleitende Schreiben Luthers an den Kaiser das. S. 2 ff. Burkhardt, Luthers Briefwechsel S. 25 f. Luthers Briefe bei de Wette I, 392. Das Schreiben ward später auf dem Reichstage dem Kaiser nochmals präsentiert, aber von diesem zerrissen und ungelesen weggeworfen. Aleander sandte dasselbe an den Vicekanzler (Balan S. 103 = Brieger S. 55 v. 8. Febr.; Balan S. 52 v. 7. Febr.). Mit der Antwort des Vicekanzlers (bei Balan S. 107 v. 8. März) wurde die Kopie eines Breves an Kaiser Karl nur Aleander übersandt, aber dem Kaiser nicht ausgehändigt. Aleander solle daraus den entsprechenden Nutzen ziehen. Aus diesem Breve (Balan S. 108 ff.) ersehen wir, dass es das erwähnte Schreiben Luthers war. S. Brieger, Q. u. F. S. 296.

[2]) Balan a. a. O. S. 134 = Brieger S. 34 (etwa Mitte Dez.), vgl. noch Köstlin, Luthers Leben u. Schr. I [2], S. 399 Anm. (S. 796).

[3]) Vgl. Waltz in den Forschungen z. deutschen Gesch. VIII S. 25 A. 3.

[4]) Krafft, Briefe u. Dokumente aus der Zeit der Reformation S. 23 (Beatus Rhenanus an B. Amorbach v. 7. Jan. 1521), vgl. Hutteni opera ed. Böcking I, 438. Balan S. 134.

stattfinden. Wie sollte nun der Kaiser den lutherischen Handel bei Seite schaffen? Der Papst verlangte von ihm, dass er, wie in Burgund und Flandern bereits geschehen, so auch im römisch-deutschen Reiche die Verbrennung von Luthers Schriften anordne. Er solle durch ein kaiserliches Edikt für Deutschland die Sache entscheiden, ohne sie dem Reichstage vorzulegen [1]). Auch hatte der Kaiser von vorneherein nicht die Absicht, Luthers Sache auf dem Reichstage zu verhandeln, sondern dieselbe noch vorher zur Erledigung zu bringen [2]). In dem Schreiben an den Kurfürsten vom 17. Dezember [3]) lautete der kaiserliche Entschluss dahin, dass Luther zuerst widerrufen und dann veranlasst werden solle, nach Frankfurt a. M. oder einem anderen nahe belegenen Orte zu kommen, um dort den Entscheid des Kaisers zu vernehmen; weigere sich Luther zu widerrufen, so möge er zu Wittenberg bleiben, bis er (der Kaiser) sich mit dem Kurfürsten über das weitere Verfahren verständigt habe. Auch dem Kaiser schien sich in dem Gedanken, durch ein Schiedsgericht von Gelehrten das Urteil fällen zu lassen, ein Ausweg zu bieten, ein Gedanke, den ja auch andere hegten [4]).

Inzwischen hatte Aleander es verstanden mit „Eifer und Schlauheit" gleich am dritten Tage seiner Ankunft in Löwen vom Kaiser ein Mandat zu erlangen, welches die Verbrennung der Schriften Luthers für seine Erblande gebot, die Aleander sofort zu inscenieren nicht versäumte [5]). Seine Bemühungen

---

[1]) Balan S. 17. Spalatini ann. S. 22.

[2]) Aehnlich lautete auch die Nachricht des Nürnberger Gesandten Spengler, er glaube nicht, dass Luthers Sache bis zum Reichstage verschoben werde, nach Waltz a. a. O. S. 25.

[3]) Bei Balan N. 44 S. 118 f., merkwürdiger Weise auf den 11. März datiert. S. darüber noch Brieger, Neue Mitteilungen über Luther in Worms S. 22.

[4]) Man denke an den Ratschlag des Erasmus und Fabers. Vgl. o. S. 8. Bezüglich der kaiserlichen Meinung Förstemann, Neues Urkundenbuch zur Gesch. der Reformation I S. 52 f.

[5]) Balan S. 98 = Brieger S. 48 (v. 8. Febr.): „nel principio tal industria usai con la gratia de Dio, che et Cesar et li conseglieri primo videro il fuoco delli libri, che si pensassero havermi concesso il mandato."

in Worms richteten sich nun darauf, durchzusetzen, dass ein gleiches Mandat die Reichsacht gegen Luther und seine Anhänger ausspreche [1]). Indes mannigfache Rücksichten machten hier ein schnelles und strenges Verfahren gegen die neue Lehre bedenklich: die politischen Interessen des Kaisers, die Stimmung in Deutschland gegen den römischen Hof und der grosse Anhang, den Luther gefunden.

Kaiser Karl war zwar persönlich geneigt, dem Papste allein die Entscheidung in religiösen Dingen zu überlassen und auf dessen Wünsche einzugehen [2]). Des Kaisers vornehmste Absicht war es, seine Macht in den Dienst Gottes und des apostolischen Stuhles zu stellen [3]), und er wurde in dieser Hinsicht noch von gewichtigen Persönlichkeiten an seine Pflichten erinnert [4]). Es empfahl sich aber eine nicht unbedeutende politische Rücksicht, als deren hervorragender Vertreter nach den Aleanderdepeschen der kaiserliche Minister von Chièvres erscheint. Karl, der im Wettkampfe mit König Franz von Frankreich auf den deutschen Kaiserthron gestiegen war, bot sich der Lutherische Handel als bequeme Handhabe dar, den Papst, welcher auf französische Seite zu neigen schien, als Alliierten im bevorstehenden Kriege mit Frankreich auf seine Seite zu ziehen [5]). Wie sollte sich in diesem Kampfe der Interessen ein alle Wünsche berücksichtigendes Verfahren des Kaisers in der Lutherischen Sache entwickeln? Es erwies sich als zweckentsprechend zu „temporisieren", worüber Aleander höchst untröstlich sich äusserte, und wodurch er derart in die Enge getrieben wurde,

---

[1]) Balan S. 25 = Brieger S. 19 (Anf. Dez.): Deutschland war im Löwener Beschlusse nicht mit einbegriffen, weil der Kaiser vor der Krönung in Aachen noch nicht die volle Ausübung der kaiserlichen Macht hatte.

[2]) Balan S. 16. S. 134 = Brieger S. 34 (etwa Mitte Dez.).

[3]) Lanz, Aktenstücke und Briefe zur Gesch. Kaiser Karls V. (in den monumenta Habsburg. II, 1 S. 253 n. 100).

[4]) Glapion bei Förstemann a. a. O. I, 52. Adrian von Utrecht bei Ranke, S. Werke [4] I, 339.

[5]) S. Waltz a. a. O. S. 24 f. und die dort citierten Stellen. Vgl. noch Ranke, S. Werke I, 326 f.

dass er weder ein noch aus wusste[1]). Gleichwol konnte er nicht umhin, der streng kirchlichen Gesinnung des Kaisers alle Anerkennung und das grösste Lob zu spenden.

Ausserdem wurde die vom Kurfürsten vertretene Forderung berücksichtigt, die sich auf die Verpflichtungen des Kaisers bei seiner Wahlkapitulation gründete, Niemand ungehört in die Acht zu erklären. Dass aber bei einem Verhöre auch die Beschwerden gegen Rom erhoben und gleichsam als Rechtfertigung für Luther gelten würden, war vorauszusehen. Dass Luther ferner an ein Concil appelliert, fand Anklang bei den Reichsständen, welche der Concilsidee huldigten. Selbst unter den Räten des Kaisers wies Gattinara darauf hin, dass ohne ein Concil die Sache nicht abgetban werden könne[2]).

Dazu kam ein anderes bedeutendes Moment: die Stimmung der Deutschen gegen Rom und Luthers Anhang. Aleander selbst erkennt an, dass vielfache Ungerechtigkeiten und Misgriffe der Kirche zur Last zu legen seien. Er dringt mit aller Kraft darauf, dass man dieselben beseitige, dass man ein Ende mache mit den Dispensen und Reservationen und aufhöre die deutschen Concordate zu verletzen. Eine Reformation im Treiben am römischen Hofe und in der Zucht der Geistlichkeit sei durchaus notwendig. Rom habe sich eine grosse Zahl von Feinden zugezogen durch seine Ungerechtigkeiten[3]). Selbst Luthers litterarische Gegner, ja seine heftigsten Feinde stimmten ein in die Klagen gegen Rom[4]). Als Typus dieser Gattung mag die Klageschrift des Herzogs Georg von Sachsen dienen[5]), der das grösste Uebel aus dem Aergernisse herleitet, das man an den Geistlichen nehme.

---

[1]) Balan S. 140. 115. 99 = Brieger S. 105 (v. 16. März), S. 87 (v. 4. März), 49 f. (v. 6. Febr.).

[2]) Vgl. Balan S. 53 (v. 7. Febr.).

[3]) Balan S. 33. 47. 143, vgl. S. 142 u. a. m. = Brieger S. 30 f. (etwa Mitte Dez), 43 (v. 6. Febr.), 109 (v. 16. März).

[4]) Man vergl. noch Gebhardt, die gravamina der deutschen Nation gegen den römischen Hof. Breslau 1884. S. 66.

[5]) Mitget. bei Förstemann, N. Urkundenb. S. 62 ff. Ueber die Veranlassung und Zeit der Abfassung dieser Schrift s. u. S. 28 A. 3.

Daher sei eine allgemeine Reformation von nöten, die am besten durch ein allgemeines Concil zu Stande käme. Alles sei für Geld käuflich. Anstatt der Wahrheit predige man den Leuten Unwahrheit und Trug nur um des Geldes willen. Er führt Klage über die grosse Ausdehnung der Annaten, die erkauften Dispense, den Misbrauch des Ablasses, die Ausdehnung der geistlichen Gerichtsbarkeit auch über weltliche Händel, die Leichtfertigkeit der kirchlichen Organe u. dergl.[1]). Luthers Anhang in Deutschland war grösser als die päpstlichen Nuntien gedacht hatten. In des Kaisers unmittelbarer Nähe, heisst es nach Aleanders Berichten, finde Luther warme Verehrer. Das Volk stürze sich blindlings in die Bewegung, bewundere Luther wie einen Heiligen und halte ihn für unfehlbar. Die Fürsten verbänden ihre Interessen mit der Sache Luthers, der Clerus sei durchweg angesteckt, und selbst Mönche von anderen Orden als dem der Augustiner begeisterten sich für Luther. Eine Legion armer Adeliger, unter der Führung Ulrichs von Hutten, dürste nach dem Blute des Clerus. Besonders glaubten die Gelehrten Deutschlands erst dann als wirkliche Gelehrte zu erscheinen, wenn sie vom gemeinsamen Wege der Kirche abwichen. Schon vor fünf Jahren habe er (Aleander) vor einer Katastrophe gewarnt, die in Deutschland gegen Rom drohte, aber man habe ihm damals keinen Glauben geschenkt[2]).

Man sieht, die Stimmung in Deutschland war eine äusserst feindliche gegen die Curie. Laut ertönten die Klagen über die Misbräuche der Kirche von kirchenfeindlicher und von kirchenfreundlicher Seite, und gewiss, in den meisten Fällen verband man diesen Punkt mit der Sache Luthers, ja es tauchten Vorschläge auf, welche Luther und seine Sache für die Reformation der Kirche zu verwerten suchten[3]).

Zur Charakterisierung der damaligen Lage in Deutschland wird es nicht unwichtig sein, noch auf einen anderen Umstand

---

[1]) Vgl. noch einiges bei Janssen, deutsche Gesch. II 8, 154 ff.

[2]) Balan S. 136 f. 99. 165 u. a. = Brieger 37 f. (etwa Mitte Dez.), 49 f. (8. Febr.), 139 f. (13. April).

[3]) Es sind dies die später zu besprechenden Vereinigungsvorschläge (Glapion, Vehus).

hinzuweisen, nämlich darauf, wie das Volk auf Grund der Klagen gegen die bestehende Hierarchie allmählich Luthers Gedanken sich zu eigen machte[1]). Anfangs ist man noch nicht vertraut mit seinen Ideen, tritt dann aber noch im Jahre 1520 mehr und mehr in dieselben ein. Luthers Namen und Gedanken, ja den direkten Einfluss seiner Schrift „an den christlichen Adel deutscher Nation" erkennen wir in der Schrift „der Wolfsgesang" betitelt[2]). Luther bildet in ihr so zu sagen den Kernpunkt, um den sich alles gruppiert. Das Volk hat ihm seine Teilnahme zugewandt und begleitet fernerhin Luthers eigene Entwicklung[3]). Deutschlands Not, in sittlicher, religiöser, socialer und politischer Knechtschaft bestehend, trägt die Sehnsucht nach Besserung der Zustände auf Grund der sittlich-religiösen Wahrheit des Evangeliums und des nationalen Lebens in sich. Ganz besonders tritt der „Karsthans" für Luther ein gegen seinen Gegner Thomas Murner[4]). Ausserdem kam noch in Rechnung, dass die deutschen Reichsritter unter Sickingen und Hutten, welche sich rühmten, nicht unbedeutend zur Erhebung Karls auf den deutschen Kaiserstuhl beigetragen zu haben, Luther ihren Schutz für seine Lehre versprochen und ihn dessen auch während der folgenden Verhandlungen in Worms versicherten[5]).

Wir erkennen hieraus, dass bei der drohenden Haltung Deutschlands und im Verfolg der politischen Interessen des Kaisers eine schnelle Erledigung der Lutherischen Sache kaum zu erwarten war. Dieselbe gelangte zur Beratung des Reichstags von Worms und fand dort erst nach langen Erwägungen im Wormser Edikte ihren Abschluss.

Bevor wir indes zur Behandlung der Sache in Worms

---

[1]) Die besonderen Nachweise auf Grund der Sammlung von Schade, Satiren u. Pasquille aus der Reformationszeit, giebt Baur, Deutschland in den Jahren 1517—25 S. 19 ff.

[2]) Bei Schade a. a. O. III, 1—85 (221—238).

[3]) Baur a. a. O. S. 49.

[4]) Baur S. 73 ff. Ueber Murner vgl. Karl Schmidt, hist. littéraire de l'Alsace II, 239 ff.

[5]) Krafft, Briefe u. Dokum. S. 23 (v. 7. Jan. 1521).

übergeben, wird es nicht ohne Bedcutung sein, Luthers
Stellung zum bevorstehenden Reichstage kurz zu bezeich-
nen. Luther hatte bekanntlich in seiner Schrift an Kaiser
Karl [1]) ausdrücklich darauf hingewiesen, dass er nur bestrebt
gewesen, die evangelische Wahrheit gegen die herrschenden aber-
gläubischen Traditionen zu verbreiten, dass er ferner um des
Friedens willen wünsche eines besseren belehrt zu werden in
den Punkten, die er als wahr erkannt habe. Zu diesem Zwecke
hatte er sich unter den Schutz des Kaisers gestellt. Luther
erklärte sich bereit, seine Lehre, die er nur zur Ehre Gottes
und im Interesse der christlichen Kirche vertrete, vor unverdächtigen und gelehrten Richtern in einer Disputation
prüfen zu lassen und, falls seine Lehre mit genügenden Grün-
den als falsch erwiesen würde, von derselben ablassen zu wollen [2]). Mit derselben Forderung trat Luther auch an den
Reichstag zu Worms heran: Wird mir sicheres Geleit gegeben, so wünsche ich, dass „die Sach frommen, gelehrten, ver-
ständigen, unverdächtigen und christlichen Männern, Geistlichen und Weltlichen, die in der Bibel wohl gegründet und
Verstand und Unterschied der göttlichen und menschlichen
Gesetzen und Gebote haben und wissen, zusampt mir mit
Fleiss zu verhören, befohlen wird, umb Gottes willen" aber
möge man „keine Gewalt wider mich, bis ich für unchrist-
lich befunden werde, furnehmen lassen" [3]). Ganz ernstlich
verwahrte er sich dagegen, dass vor einer Entscheidung das
Verbrennen seiner Bücher vollzogen oder ihm sonstige Nach-
stellungen bereitet würden [4]).

---

[1]) opp. var. arg. V, 2 ff.
[2]) opp. var. arg. V, 4 ff.
[3]) Luthers Briefe bei de Wetto I, 549 (v. 25. Jan. 1521).
[4]) Dass, wie Köstlin, M. Luther I [2], 419 behauptet, Luther
gestützt auf günstige Mitteilungen vom Reichstage seitens des Kurfürsten diese Erklärung gegeben, ist kaum anzunehmen. Luther
konnte nur bekannt sein, dass man sich entschlossen habe, seine
Sache auf dem Reichstage zu verhandeln; dieser Entschluss war
aber zurückgenommen worden, und daraufhin gab Luther seine
Erklärung. Es heisst zudem deutlich in dem erwähnten Schreiben
Luthers, der Kurfürst möchte sich verwenden, dass er gehört würde.
Man vgl. ausserdem eine Notiz bei Köstlin (theol. Stud. u. Krit.

Kehren wir nach diesen Erwägungen zu Aleanders
Thätigkeit zurück, welche er noch vor dem 17. Dez. 1520
in Worms, also gleich nach seiner Ankunft daselbst, mit
regem Eifer entfaltete. Seine Bemühungen um Ausführung
der päpstlichen Bulle gingen hier nicht so rasch von statten
wie vorher. In Worms ward gegen die sofortige Verhängung
der weltlichen Strafen über Luther der grosse Aufruhr geltend gemacht, den ein solches Vorgehen nach sich ziehen
würde. Es sei gut, wenn Luther vor den Reichstag berufen
würde, jedoch nur zum Zwecke des Widerrufs. Andere
wollten ihm nur Widerruf auferlegt wissen in den Stücken,
die von den Generalconcilien und den Kaisern verdammt seien,
ohne dass dabei des Papsttums überhaupt Erwähnung geschehen solle, worüber Aleander natürlich ganz entrüstet ist [1].

Noch vor dem 17. Dezember [2] erhielt Aleander Ge-
legenheit im deutschen Rate [3]), woselbst der kaiserliche Rat
Matthäus Lang, Kardinal-Erzbischof von Salzburg, als
Vorsitzender fungierte, sich über Luther und seine Lehre ein-

---

1882. S. 696) aus einem Schreiben des Kurfürsten vom 29. Januar,
woselbst von einer derartig günstigen Nachricht keine Rede ist,
sondern nur davon, der Kurfürst hoffe, er werde es dahin bringen,
dass Luther gehört würde. Zudem verlautet auch in den Aleander'-
schen Depeschen nirgends etwas von einem derartigen, Luther günstigen Vorgange.

[1] Balan S. 25 = Brieger S. 19 f. (Anf. Dez.).

[2] Ueber dieses Datum vgl. Brieger, N. Mitteil. S. 22. Quell.
u. Forsch. I, 272.

[3] Der deutsche Rat (von Karl am 27. Juli 1519 für die öster-
reichischen Lande und zur Wahrung der Interessen im deutschen
Reiche eingesetzt, Baumgarten, Gesch. Karls V. Bd. I, 305, 393)
und der geheime Staatsrat des Kaisers sind getrennte Collegien, wie
denn auch Aleander dieselben unterscheidet. Man vgl. Balan
S. 26. S. 135 = Brieger S. 20. 21. S. 35. 36. Auch in der Auffassung der beiden Collegien betreffs der Sache Luthers zeigt sich
nach den Depeschen der Unterschied, dass der deutsche Rat sich
Aleanders Ansicht näherte, während der geheime Staatsrat Gott
und der Welt zu Gefallen sein wolle. Balan S. 71 = Brieger
S. 69 (v. 27. Febr.). Vgl. Balan S. 114 = Brieger S. 86 (v.
4. März). Im allgemeinen verweise ich auf Baumgarten, Karl V.
S. 387 ff.

gehend auszusprechen [1]). Aleander ist bei dieser Gelegenheit
in derselben Weise thätig, Luther aus seinen Schriften als
verdammungswürdig darzustellen, wie dies am 13. Februar
vor dem Reichstage geschah [2]). Der päpstliche Nuntius wies
die grössten Irrtümer Luthers aus dessen Werken nach und
führte viele Punkte aus alten Concilsbeschlüssen sowie Aus-
sprüche griechischer und lateinischer Kirchenlehrer vor, welche
den Behauptungen Luthers widersprächen. Namentlich verbreitete er sich über das Concil von Florenz (1439), dessen
Original-Bulle er in den Archiven von Worms gefunden habe [3])
und richtete sich gegen die besonders in Luthers Schrift „von
der babylonischen Gefangenschaft" enthaltenen Artikel von
der Gewalt des Papstes, dem Fegfeuer, der Fürbitte der Heiligen, wofür er Beweisschriften aus der Zeit Karls des
Grossen und der Ottonen anführte. Der Eindruck auf die
Versammlung war ein günstiger, wenigstens berichtet Aleander dies selbst [4]), und er hatte nichts eiligeres zu thun, als
daraufhin sofort die Ausfertigung eines Mandates gegen
Luther zu verlangen. Dieses ward jedoch abgelehnt mit dem
Hinweise, dass man zuerst die Ankunft des Mainzer Erzbischofes als des Erzkanzlers abwarten müsse [5]). Zugleich
unterliess es Aleander nicht, im geheimen Staatsrate des
Kaisers Anhänger zu gewinnen, sowie er auch im Privatge-
spräche mit Chièvres diesem nachzuweisen suchte, dass Luther
den Gehorsam gegen die weltliche Obrigkeit zu beseitigen
trachte [6]).

---

[1]) Kürzere Mitteilung über diesen Vorgang bei Balan S. 26
(N. 11) = Brieger S. 20 f. (Anf. Dez.), ausführlicher in der Depesche Balan S. 135 f. (N. 56) = Brieger S. 35 f. (aus etwas spä-
terer Zeit).

[2]) Vgl. zu Balan S. 135, Förstemann a. a. O. S. 33. Auf
frühere ähnliche Behandlung der Materie weist auch die Notiz vom
14. Febr. hin, Balan S. 56 (N. 12) = Brieger S. 61.

[3]) So erzählt Aleander bei Balan S. 135 = Brieger S. 34
(Mitte Dez.).

[4]) Balan S. 132 f. = Brieger S. 93 f. (v. 8. März).

[5]) Balan S. 26. 136 = Brieger S. 21. 36, vgl. noch Brieger S. 272.

[6]) Balan S. 136 = Brieger S. 37.

Die Besprechung im deutschen Rate, in Verbindung mit den sonstigen Bemühungen Aleanders, scheinen zu dem Resultate geführt zu haben, dass am 29. Dezember ein Beschluss zustande kam, der ein strenges, der Curie genehmes Mandat verfügte. Es kam aber dieser Beschluss, wie Aleander sich ausdrückt, durch die Furchtsamkeit des Mainzer Erzbischofes nicht sogleich zur Ausführung[1]), indem, wie wir, eine andere Stelle[2]) damit verbindend, wohl sagen dürfen, der Erzbischof nicht den Mut hatte, das Mandat dem Kaiser zur Bestätigung vorzulegen. Obgleich wir über den Inhalt des Beschlusses von Aleanders Seite nicht direkt unterrichtet sind, können wir, nach dem Gegensatze in der Auffassung der Sache Luthers durch den deutschen und den geheimen Staatsrat zu schliessen, die Vermutung hegen, dass sich der Inhalt des im deutschen Rate gefassten Beschlusses auf die Erklärung bezog, der Kaiser könne und dürfe allein, ohne weitere Beratung der Fürsten, zur Ausführung der Bulle schreiten[3]). Noch im Januar 1521 ging man eifrig darüber zu Rate und dachte daran, Luther in Bann und Acht zu thun[4]). Jedenfalls aber beabsichtigte man noch vor Eröffnung des Reichstages die Beratungen über Luthers Sache zum Abschluss zu bringen.

---

[1]) **Balan** S. 76 = **Brieger** S. (68.) 75 (v. 17. Febr.), vgl. **Balan** S. 95.

[2]) **Balan** S. 58 f. (v. 17. Febr.). Die Erklärung **Jansens**, Aleander S. 57, welcher zu **Friedrich** (in den Abhandl. d. bayr. Akad. hist. Kl. (1870) XI, S. 107) behauptet, es sei der später ernannte Ausschuss gewesen, von dem man an den weiteren Rat (den combinierten deutschen und geheimen Rat) berichtete, kann ich nicht annehmen. Die Vermutung gründet sich auf die falsche Datierung der Depesche **Balau** S. 99 = **Brieger** S. 50 (v. 8. Febr.). Zur Datierung s. **Brieger** S. 274 f.

[3]) **Balan** S. 115 = **Brieger** S. 87 f. (v. 4. März).

[4]) Schreiben des Kurfürsten von Sachsen bei **Förstemann** S. 5 (N. 8) (v. 16. Jan.).

Am 27. Januar ward der Reichstag eröffnet [1]). Jedoch gelangte die Sache Luthers noch nicht vor denselben. Wir hörten, dass dieselbe noch vor dem Reichstage erledigt werden sollte, und dass man Rat hielt, Luther „in Bann und Acht zu thun und ihn auf's höchste zu verfolgen." Die Beratung zog sich indes länger hin. Dass sich diese Absicht einer schnellen Erledigung nicht verwirklichte, lag in den damaligen Verhältnissen begründet [2]).

Am 3. Februar fand eine vierstündige Sitzung des geheimen Staatsrates über die Ausführung eines Mandates statt [3]). Es wurde wahrscheinlich beschlossen, dass ein Mandat gegen Luther angefertigt würde, welches aus Commissionsberatungen hervorgehen sollte. Für diese Commission, von der Aleander zehn Sitzungen erwähnt, fasste der päpstliche Nuntius selbst die lateinischen Entwürfe ab. Dieselben vereinigten sich zu einem Mandate, welches den Wünschen Aleanders entsprach [4]). Dieses von der Commission bestätigte Mandat sollte alsdann noch vom Staatsrate gebilligt werden. Indes erlitt dasselbe hier Zusätze und Abänderungen, und so kam es, dass man hierin nichts bestimmtes erreichte.

Bei Gelegenheit der Erwähnung seiner eifrigen Bemühungen in den Commissionsberatungen klagte Aleander wiederholt, dass er nicht das nötige Geld besitze, um das Mandat, welches aus den Commissionsberatungen hervorging, drucken zu lassen und nebenbei die mitwirkenden Organe zu bedenken. So unmoralisch es erscheint, diese oder ähnliche zweckdienliche Mittel anzuwenden, Aleander bediente sich der-

---

[1]) Nach Brieger S. 279 A. 1 (vgl. theol. Stud. u. Krit. 1882 S. 697 f., ausserdem noch die Auszüge aus Marino Sanuto's Diarien (bei Thomas) S. 7, Förstemann S. 7, Schreiben Friedrichs von Sachsen v. 28. Januar). S. noch Baumgarten, Karl V. S. 401.

[2]) S. die obige Ausführung S. 11.
[3]) Balan S. 53 (v. 7. Febr.).
[4]) Balan S. 99 = Brieger S. 49 f. (v. 8. Febr.) tutto el consoglio = pleno consilio. Balan S. 145 = Brieger S. 116 (v. 29. März). Ich vermute, dass die bei Balan S. 87 (N. 35) mitgeteilten Vorschläge hierhin gehören. Vgl. Balan S. 94.

selben und bedauerte häufig, nicht genügend Geld zur Verfügung zu haben. Verstellung und Heuchelei waren ihm nicht fremd [1]). Für die päpstliche Partei suchte er unter den einflussreichen Persönlichkeiten Propaganda zu machen, indem er, auf die persönlichen Verhältnisse Rücksicht nehmend, sie der Curie zu verpflichten bestrebt war. Ein sicheres Ergebnis wurde, wie gesagt, durch die Commissionsberatungen nicht erzielt. Endlich fügte man sich dem Willen des Staatsrates, dass die Sache in die Hand des Reichstages gelegt werde und wurde so seit dem 13. Februar Gegenstand der Beratung im Reichstage.

Mit dem 13. Februar also gelangte die Behandlung der Sache Luthers in ein neues Stadium. Am 12. Februar hatte Aleander vom Kaiser den Auftrag erhalten, am folgenden Tage vor dem Reichstage zu reden und die römischen Forderungen zu stellen [2]). Nachdem Aleander dem Kaiser das päpstliche Breve [3]) überantwortet und dasselbe zur Verlesung gekommen war, hielt er eine längere Rede in lateinischer Sprache, in welcher er sich über Luthers Irrtümer verbreitete und die Forderung stellte, dass durch ein allgemeines Edikt Ordnung geschafft und Luthers Schriften verbrannt würden. Weiterer Vertrieb, Kauf oder Verkauf der Schriften sollte verboten werden [4]).

Bevor wir jedoch die ferneren Verhandlungen, welche sich an diese Rede Aleanders anschlossen, weiter verfolgen,

---

[1]) Balan S. 157 = Brieger S. 128 (v. 5. April), Einzelheiten bei Jansen, Aleander S. 30 ff. Seine Mittel sind wie Jansen zusammenfassend bemerkt: Vorsicht und Mistrauen, Teilung der Feinde und Benutzung des einen gegen den andern, Gunst und Gefälligkeit, Versprechungen und trügerische Freundlichkeit, Ueberwachung und Bestechung, wie Aleander selbst bekennt: „Eifer und Schlauheit".

[2]) Balan S. 54 = Brieger S. 59 (v. 12. Febr.).

[3]) Mitgeteilt bei Förstemann S. 27 ff., Balan S. 34 ff. (v. 18. Jan. datiert). Dasselbe kam am 10. Febr. in Worms an. Balan S. 54 = Brieger S. 58 (v. 12. Febr.).

[4]) Förstemann S. 35 (N. 4) (sächsische Aufzeichnung), Balan S. 56 f. = Brieger S. 61 f. (v. 14. Febr. Aleanders Bericht). Das Nähere in einem besonderen Exkurse (I).

wird es nötig sein, auf einen privaten Vermittelungsversuch, welcher in diese Zeit fällt, hinzuweisen. Es ist dies die Verhandlung des kaiserlichen Beichtvaters Glapion mit dem sächsischen Kanzler Brück[1]). Diese Verhandlungen verdienen besondere Aufmerksamkeit, weil Glapion bei den Wormser Vorgängen eine nicht unwichtige Rolle spielt, und weil wir aus seinen Eröffnungen die Auffassung des kaiserlichen Hofes kennen lernen[2]).

Glapion, ein Franziskanermönch, über den sonst leider nur spärliche Nachrichten vorliegen[3]), trug lebhafte Sorge für die kirchlichen Interessen besonders in kirchlich-reformatorischem Sinne und stand in Beziehung zu dem grössten Humanisten jener Zeit, zu Erasmus. Dieser Glapion nun unternahm es, einen Vergleich mit Luther anzubahnen, indem er von der Ansicht ausging, dass in der Lutherischen Sache ein Modus der Vereinigung möglich sei, da „keine Wunde so gross oder böse sei, es wäre eine Arznei dazu, dadurch dieselbe geheilt werden möchte"[4]). Obgleich der kaiserliche

---

[1]) Förstemann S. 36—54.

[2]) Der Beginn dieser Verhandlungen fällt noch vor den 18. Februar; sie fanden noch vor dem 18. Februar ihren Abschluss. Am 18. Febr. berichtete Aleander von diesen Verhandlungen als abgeschlossenen, die den gewünschten Erfolg nicht gehabt hätten. Balan S. 61 = Brieger S. 64 (v. 18. Febr.) Die Dauer erstreckte sich auf 7—8 Tage, welche sich aber aus Brücks Bericht nicht erkennen lassen. Förstemann S. 52 wird die päpstliche Forderung erwähnt: der Kaiser wolle gebieten, die Bücher Luthers in den deutschen Landen zu verbrennen, sowie verbieten, dieselben fernerhin zu drucken oder feil zu haben, wie sie Aleander am 13. Febr. stellte, Förstemann S. 35. Zudem wird die Schrift des Bruders Ambrosius Catharinus bei Förstemann S. 51 erwähnt, welche am 15. Febr. in Worms ankam, Balan S. 46 f. Der Abschluss der Verhandlungen fällt daher mit grosser Wahrscheinlichkeit auf den 17. Februar, so dass der Anfang etwa auf den 10. Febr. zu setzen wäre. Vgl. noch Köstlin, M. Luther I 2, 798 (zu S. 424). Schon Seckendorf, commentarius de Lutheranismo (Lpz. Ausg. 1794) I, Sect. 37 § 88 e. ff. machte von diesem Vorgange ausführliche Mitteilungen; auch ihm scheint dessen Tragweite nicht entgangen zu sein.

[3]) Mitgeteilt bei Baumgarten, Karl V. S. 390 f.

[4]) Förstemann S. 36, vgl. Erasmi opera III, 590 E an Peutinger (v. 9. Nov. 1520).

Beichtvater sich alle Mühe gab, mit dem Kurfürsten Friedrich selbst in Verhandlung zu treten, verhielt sich letzterer dem gegenüber ablehnend, beauftragte aber seinen Kanzler Brück, die Verhandlungen mit Glapion aufzunehmen [1]). Glapion betonte den Gegensatz der früheren und späteren Schriften Luthers. Jene seien geeignet, eine Reformation in der Kirche zu erzielen, sie zeigten ein „neues edles Gewächse mit nützlichen Früchten für die Kirche: Gedanken, welche Luther an den Tag zu fördern den Mut gehabt, wie sonst niemand, obgleich manchem derselbe Gedanke nicht fremd gewesen wäre. Seine letzten Schriften, besonders aber die „de captivitate babylonica" stellten das schöne Ziel sehr in Frage, und es sei kein anderer Ausweg da, als in ganz geheimer Verhandlung wieder auf einen guten Weg zu kommen und öffentlicher Disputation sich möglichst zu enthalten [2]).

---

[1]) Balan S. 61 = Brieger S. 64 (v. 18. Febr.).

[2]) Glapion glaubte gar nicht, dass Luther das „ungeschickte" Buch 'de capt. bab.' verfasst habe, eine Auffassung, die ziemlich allgemein geteilt wurde, wie sich aus den Berichten Aleanders ergiebt. Vgl. Balan S. 196 = Brieger S. 163 (v. 27. April). Als Verfasser der schlechteren Schriften Luthers vermutete man hauptsächlich Erasmus. Vgl. Balan S. 55. 80. 100 ff. (246) u. a. = Brieger S. 59 f. 82. 51 ff. (212), daneben auch Melanchthon, Balan S. 237 = Brieger S. 172. Ein besonderes Gewicht erhalten die von Glapion gemachten Vorschläge noch dadurch, dass einzelne Punkte zur Besprechung kommen, die in den officiellen Verhandlungen vor dem Reichstage nacheinander ihre Erledigung fanden. Sequestrationsedikt (Förstemann S. 52). Berufung Luthers (Förstemann S. 53 f.). An der Aufrichtigkeit der Glapion'schen Vorschläge, welche allgemein (schon von Seckendorf) bezweifelt wird, kann niemand Anstand nehmen, der die Auffassung des kaiserlichen Hofes erwägt. Ranke a. a. O. S. 332 f. Die beiden von Kolde, Luthers Stellung zu Concil und Kirche S. 99 A.2 verwandten Stellen, womit die Initiative dieser Verhandlungen als von Sachsen ausgegangen erwiesen sein soll, enthalten weiter nichts als die Thatsache, dass der Kurfürst seinen Kanzler beauftragte, mit Glapion in Unterhandlung zu treten, ohne genau zu verraten, welcher Seite die Initiative zuzuschreiben ist. Dagegen geht aus den Verhandlungen selbst und der Art derselben hervor, dass Glapion in allen Punkten derjenige ist, welcher Vorschläge macht, was bei der an-

Die Verhandlungen hatten, wie gesagt, keinen Erfolg, und die Verwendung Luthers nach seiner Wiedervereinigung mit der Kirche, im Sinne der kirchlichen Reformation war gescheitert[1]). Obgleich ein Resultat nicht gewonnen wurde, gab Glapion seine Gedanken nicht auf, sondern versuchte auch späterhin noch dieselben zur Durchführung zu bringen. Wie aber sollte sich, nachdem Luthers Sache durch Aleanders Vorlage Gegenstand der Beratungen am Reichstage geworden war, hier der Verlauf der Dinge gestalten? Aleander hatte in seiner Rede, von der er selbst sehr erbaut war und auf deren

deren Auffassung nicht denkbar wäre. Zudem lässt uns Brücks Bericht selbst nicht darüber im unklaren. Ausdrücklich heisst es hier: „Und hab darauf gebeten, dieweil er selbst gesagt, es wäre keine Wunde so gross, es wäre eine Arznei dazu, zudem, das er sich gegen den von Nassau Mittel vorzuschlagen erboten, er wolt sich der hören lassen" (Förstemann S. 36, vgl. das. S. 50 u. 51). Hieraus ergiebt sich, dass Glapion sich zunächst an den Grafen von Nassau gewandt hat, der den Kurfürsten von Sachsen davon in Kenntnis setzte. Darauf ward Brück vom Kurfürsten beauftragt. Wir entnehmen dem Berichte ferner, dass Glapion sich bestrebte, immer tiefer in die Verhandlungen einzudringen, während Brück sich sehr zurückhaltend benimmt. Brück erzählt: „Hierauf habe ich meine vorige Rede zum teil erneuert und weggehen wollen, aber der Pater wolt mich nicht gehen lassen" (Förstemann S. 49). Schliesslich können wir uns über die Haltung des Kurfürsten nicht anders äussern, als dass dieser sich den eindringlichen Erörterungen Glapions gegenüber durchaus ablehnend zeigt, da er weder selbst die Verhandlungen aufnahm, noch auch sich willig erwies, seinen Kanzler weiter unterhandeln zu lassen. Gerade der Schluss der Verhandlungen, welcher Glapions Vorschlag enthält, Luther kommen zu lassen, ging so recht auf den Wunsch des Kurfürsten ein. Darüber hatte Brück keine Instruktion vom Kurfürsten und wir hören auch nicht, dass dieser Punkt zu weiterer Unterhandlung zwischen Glapion und Brück geführt hat. Diese Momente hätten bei der Annahme, dass von Sachsen aus die Verhandlungen ihren Ausgangspunkt genommen, zu einem Ergebnisse der Vereinigung führen müssen.

[1]) Ueber den zu diesen Verhandlungen fälschlich in Beziehung gesetzten Brief Luthers bei de Wette I, 575 ff., s. Brieger, N. Mitteil. S. 24 ff.

günstige Wirkungen er glaubte hoffen zu dürfen [1]), besonders
auf Luthers Irrlehren hingewiesen. Auf Grund des päpstlichen Breves vom 18. Januar, zu welchem der Nuntius in
seiner Rede eine ausführliche Begründung der im Breve ausgesprochenen Forderungen gegeben, legte der Kaiser das
Exekutionsmandat [2]) noch an demselben 13. Februar vor, eine
Erklärung, welche er am folgenden Tage durch einen seiner
Räte wiederholen liess. Diesem Mandate hatte er einen
zweiten Entwurf mit veränderter Einleitung beigefügt, falls
das erste Mandat nicht genehm sei [3]). Der Kaiser stellte
dieses Mandat zur Beratung der Fürsten, um zu einem Beschlusse betreffs der neuen Lehre zu gelangen. Dass Luther
ein durch päpstliche Verdammung offenkundiger Ketzer sei,
ist erwiesene Thatsache und „deshalben ihn weiter zu hören
nicht not noch gebürlich ist" [4]). Daher gebietet der Kaiser
Luthers Schriften zu verbrennen und Luther selbst, falls er
nicht von seinen Irrtümern und bösen Handlungen ablasse,
oder vom Papst absolviert sei, gefänglich einzuziehen und dem
Kaiser auszuliefern oder ihn so lange in Gewahrsam zu halten, bis weiter über seine Person verfügt würde. Auch seine
Gönner und Anhänger sollen der Acht und Aberacht verfallen. Dieses 'Executionsmandat', enthaltend die Strafen
des Reiches, welche der Kaiser kraft seiner Pflicht als Schirm-
vogt der Kirche zu vollstrecken hatte, wie sie vom Papste
nach gefälltem Urteil gefordert wurden, konnten wohl als
gefährlich und grausam erscheinen [5]). Wir sehen also, dass
der Kaiser, der für seine Person die Lutherische Sache schnell
abzuthun beabsichtigte [6]), durchaus auf der Seite des Papstes
steht, auf dessen Forderungen eingeht und dieselben zur Ausführung zu bringen bestrebt ist.

---

[1]) Balan S. 76. 132 f. = Brieger S. 75. 93 f., vgl. Balan
S. 82.
[2]) Mitgeteilt bei Förstemann S. 55 f. (N. 14).
[3]) Vgl. Waltz, Forsch. z. d. Gesch. VIII, 29 A. 1.
[4]) Förstemann S. 56.
[5]) Waltz a. a. O. S. 29.
[6]) Notiz vom 25. Februar in den theol. Stud. und Kritiken
1882 S. 698.

Indes trat der Reichstag dieser Willensmeinung des Kaisers nicht sofort und unbedingt bei. So viel wir aus Aleanders Berichten erfahren, stimmte ihr das Collegium der Kurfürsten mit Ausnahme des sächsischen und des pfälzischen zu [1]). Sie stiess aber bei den übrigen Fürsten auf Widerspruch. Letztere erbaten sich Bedenkzeit. Bis zum 15. Februar dauerten diese Erwägungen, an welchem Tage den Fürsten eine Bedenkzeit von noch drei Tagen bewilligt wurde. Der Kaiser verlangte am 19. Februar Antwort [2]). Sieben Tage lang also dauerten die Beratungen der Fürsten, die eine solche Meinungsverschiedenheit zeigten, dass es fast zu Thätlichkeiten im Kurfürstencollegium gekommen sein soll [3]). In demselben waren, wie gesagt, Sachsen und Pfalz der Meinung der drei geistlichen Kurfürsten und des von Brandenburg entgegen. Die beiden Kurfürsten von Sachsen und von der Pfalz erhoben gewaltigen Widerspruch, mussten sich

---

[1]) Balan S. 59, woselbst nur von dem sächsischen Kurfürsten die Rede ist, der nicht anwesend war. S. noch Balan S. 72 = Brieger S. 70 (v. 27. Febr.).

[2]) Balan S. 59. S. 61 = Brieger S. 64 (v. 18. Febr.). Balan N. 23 offenbar vom 17. Febr.; vielleicht ist das „hoggi li ho fatto resposta" bei Balan S. 62 (v. 18. Febr.) als Datum der Absendung zu fassen.

[3]) Balan S. 72 = Brieger S. 70 (v. 27. Febr.). Unerklärlich ist der von Aleander mitgeteilte Zwist zwischen Sachsen und Brandenburg, der zur That überzugehen drohte und nur durch die Dazwischenkunft des Salzburger Erzbischofs und anderer verhütet wurde. Vgl. Jansen, Aleander S. 53 A. 2. Dass die Beratungen überhaupt nach den Collegien vor sich ging, geht auch aus Aleanders Bericht im weiteren Verlaufe hervor. Wie hätte nun der Salzburger Erzbischof sich in's Mittel legen können? Zudem, was auch schon von Kolde (Friedrich der Weise S. 28 A. 2) und Jansen (Aleander) hervorgehoben wird, stimmt dieser Zug durchaus nicht mit Friedrichs Charakter überein. Dass Meinungsverschiedenheiten zu Tage traten, ist ja erklärlich und insofern Aleanders Bericht Glauben beizumessen; doch scheint das von Aleander berichtete Faktum, wenn auch nicht ganz Fiktion, so doch jedenfalls nicht frei von Uebertreibung zu sein. Wir können uns doch die berichtete Scene kaum ausserhalb der Sitzung abgespielt denken!

aber der Majorität fügen [1]). Durch die Beredsamkeit Joachims
von Brandenburg wurden auch viele Fürsten der zweiten
Stimmklasse für die Ansicht der Majorität des Kurfürsten-
collegiums gewonnen [2]). Schliesslich [3]) erzielte man einen
Beschluss, der weder ganz nach dem Willen des Sachsen,
noch nach dem der vier anderen Kurfürsten war, und welcher
dem Kaiser in deutscher Sprache übergeben wurde [4]). In
diesem Bedenken wollen die Stände, des Kaisers „guten
Willen und Fleiss" für die Wohlfahrt des Reiches und der
Kirche lobend, den Kaiser zur Erwägung veranlassen: Luthers
Schriften hätten an vielen Enden Deutschlands Anklang und
Verbreitung gefunden und es sei daher zu befürchten, dass,
wolle man das Mandat in der gegebenen Schärfe ausgehen
lassen und Luther ungehört verurteilen, Unruhe und Em-
pörung ausbrechen würde. Dann möge man erwägen, ob
und wohin Luther „erfordert" und ob er gehört werden solle
oder nicht. Luther möge unter Zusicherung des Geleites berufen und durch etliche Gelehrte und Sachverständige gehört
d. h. gefragt werden, ob er sich zu den Schriften, die unter

---

[1]) Vgl. die Charakteristik bei Balan S. 74. 154 f. = Brieger
S. 72 f. 125.

[2]) Balan S. 72 = Brieger S. 70 (v. 27. Febr.).

[3]) Von einer besonderen Beratung im dritten Collegium (dem
der Reichsstädte) erfahren wir aus den Briefen Aleanders nichts.

[4]) Am 19. Februar. Balan S. 72 = Brieger S. 70 (v. 27.
Febr.). S. noch Fürstenberg bei Steitz (im Frankfurter Neujahrs-
blatt 1861) S. 59. 47, II 2. Das Bedenken der Stände ist mitgeteilt
bei Förstemann S. 57 (N. 15). Das bisher für dieses Aktenstück
angenommene Datum vom 2. März und die sich daran anschliessen-
den Deutungen des Datums im Briefe Fürstenbergs sind absolut
hinfällig. Das Datum ergiebt sich im allgemeinen schon aus Aleanders Bericht vom 27. Febr. als diesem Monat angehörig, da hier
diese Antwort der Stände erwähnt und mitgeteilt ist. Das Datum
vom 19. Febr. gewinnen wir aus Aleanders Mitteilungen bei Balan
S. 59. S. 61 = Brieger S. 64 (v. 18. Febr.), woselbst ausdrücklich
gesagt wird, dass mit dem 18. Febr. die Frist zur Erwägung in
Luthers Sache abgelaufen und die Antwort am 19. erfolgen soll
So auch Jansen, Aleander S. 58 f. Noch neuerdings hält Gebhardt, die gravamina der deutschen Nation gegen Rom S. 90 A. 3
das Datum vom 2. März „für jetzt wohl feststehend".

seinem Namen gingen, bekennen und ob er seine Lehren, welche dem Glauben und den Satzungen der Kirche entgegen seien, aufrecht halten wolle oder nicht. Widerrufe er, so solle Luther in anderen Punkten gehört und, wie billig, darüber verfügt werden. Widerrufe er aber nicht, so solle jegliche Disputation ausgeschlossen sein, und die Stände verpflichten sich, den Glauben der Kirche mit dem Kaiser handhaben zu wollen. Der Kaiser solle alsdann das gebürliche und notwendige Mandat im Reiche ausgehen lassen. Doch stellen die Stände alles zu des Kaisers weiterem Bedenken und Gefallen. Zuletzt weisen sie auf die Beschwerden und Misbräuche hin und bitten den Kaiser, ein gnädiges Einsehen zu haben, damit solche auf ein leidliches und erträgliches Mass gestellt würden [1]). Es wird also in diesem Schrift-

[1]) Dass Alcander in seinem Berichte bei Balan S. 72 f. = Brieger S. 70 f. (v. 27. Febr.) dieses Bedenken der Stände im Auge hat, ist unzweifelhaft. Vergleicht man diesen Bericht mit der Mitteilung bei Förstemann, so liegt wohl die Vermutung nahe, als ob die Förstemann'sche Mitteilung nicht die urkundliche Antwort der Stände sei, sondern nur ein Auszug aus derselben. Die Punkte, wie sie Aleander aufführt, sind hie und da ausführlicher. Hier heisst es, dass die Stände dem Kaiser danken dafür, dass er, obgleich er aus eigener Machtvollkommenheit das Mandat hätte publicieren können, doch ihnen davon habe Mitteilung machen und ihr Gutdünken erfahren wolle, was dazu diene, die Rechte des Reiches zu wahren. Weiterhin werden ausser den Punkten des Glaubens solche betreffs der Sakramente miterwähnt. Widerrufe Luther nicht sofort, so solle gegen ihn wie gegen einen Häretiker verfahren werden, und dafür wollen alle Fürsten ihr Gut und Blut einsetzen. Betreffs der Lehre von der Autorität des Papstes und der positiven Rechte der deutschen Nation solle Luther gehört werden, und der Kaiser Richter einsetzen, falls jemand gegen Luther disputieren wolle. Dann erst solle die Publikation des Mandates erfolgen, eine Forderung, welche ganz dem sächsischen Kurfürsten zugeschoben wird. Zuletzt bitten die Stände, sie von der römischen Tyrannei zu befreien, und hier schütten sie all ihr Gift aus. Man sieht, diese Relation ist umfangreicher, und dies kann wohl nur daher rühren, dass sie die Besprechungen und Erwägungen, welche sich an die Eingabe des Bedenkens der Stände anschlossen, mit umfasst.

stücke darauf hingewiesen, und zwar mit besonderem Nach-
drucke, dass Luther gehört werden müsse, damit man erfahre,
ob er die unter seinem Namen cursierenden Schriften als sein
Eigentum anerkenne oder nicht, und alsdann, ob er die der
Lehre und dem Glauben der Kirche widerstreitenden Sätze
widerrufen wolle oder nicht; Punkte, welche die kirchliche
Verfassung berühren, werden ausgeschlossen. In dieser Beziehung wird auf ein glimpfliches Verfahren aufmerksam gemacht und, falls er widerrufe, ein Anhören Luthers gestattet;
thue er dieses nicht, so solle es unterbleiben[1]). Es bietet
hiernach dieses Bedenken schon eine gewisse Grundlage, wie
man ein Verhör Luthers anzustellen habe. Im grossen und
ganzen ging man wirklich beim Verhöre von diesem Stand-
punkte aus.

Der Kaiser beantwortete dieses Bedenken der Stände,
indem er eine Scheidung zwischen den Beschwerden und der
Sache Luthers, welche den Glauben betreffe, gemacht wissen
will. Bezüglich der Beschwerden werde er an den Papst
schreiben, damit dieser hierin Ordnung schaffe[2]). Hieran
knüpfte er die Bitte, dieselben schriftlich aufzuzeichnen, damit
sie Gegenstand der Beratung würden, was in diesem Punkte
vorzunehmen sei[3]). Bezüglich des vorgeschlagenen Verhörs

---

[1]) Die Antwort war schriftlich fixiert, und der Kaiser liess sie
sich in's Französische übersetzen.

[2]) Ist meine Vermutung oben (S. 19 A. 4) richtig, so sehen wir,
wie Aleander diese Scheidung bereits vorgenommen hatte. Balan
S. 89.

[3]) Deutsch bei Förstemann S. 58 (N. 16), lateinisch bei
Balan S. 117 (N. 43). Vgl. Balan S. 73 = Brieger S. 72 (v.
27. Febr.). Dem Wunsche des Kaisers, die Beschwerden schriftlich
aufzuzeichnen, wurde Folge geleistet. Von diesen Beschwerden
haben sich diejenigen des Herzogs Georg von Sachsen (mitgeteilt
bei Förstemann S. 62 ff. (N. 19) erhalten; vgl. Waltz a. a. O. S. 31 f.
S. über diese Klagen und die Beratung hierüber am Reichstage
Gebhardt, die gravamina der deutschen Nation S. 90 ff.; über das
Verhältnis der Schrift Georgs zu den centum gravamina, deren
14 Artikel teilweise wörtlich, teilweise inhaltlich, teils auch
keine Verwendung in den centum gravamina gefunden, ferner
über die Zeit der Abfassung (März u. April) der centum gr., die
wohl aus einzelnen Vorlagen zusammengearbeitet sind, Gebhardt

beschloss der Kaiser, Luther zu „erfordern" und ihn mit
sicherem Geleite hin und wieder zurück in sein Gewahrsam
zu versehen und ihn zu verhören. Sei man darüber einig,
dass Luther komme, so solle er nur gefragt werden, ob er
jene Bücher verfasst habe und, bekenne er sich dazu, ob er
aufrecht halten wolle, was er gegen den Glauben und die
Satzungen der Kirche, wie sie die Väter beobachtet, ge-
schrieben habe. Widerrufe er, so wolle der Kaiser sich für
seine Wiederaufnahme beim Papste verwenden, bestehe er
aber auf seiner Häresie, so solle Luther, nach seiner Rückkehr unter sicherem Geleit, ergriffen und als Ketzer bestraft
werden. Ueber die Autorität des Papstes, die Dekrete und
Dekretalen solle keine Disputation stattfinden. Mit dieser
Erklärung weist der Kaiser entschieden das Verlangen der
Stände zurück, welche hierüber eine Disputation verstatten
wollten. In allen übrigen Punkten sehen wir den Kaiser auf
die Wünsche der Stände eingehen.

Ueber den weiteren Verlauf der Verhandlungen am
Reichstage erfahren wir aus Aleanders Depeschen, dass bei
dieser Beratung, die ebenfalls keinen ruhigen Verlauf nahm,
ein Entschluss bei der Geteiltheit der Stimmen nicht zustande kam. Der Kaiser hatte die Räte seiner Nationen zu-
sammentreten und beraten lassen. Da sich hier kein bestimmtes einmütiges Ergebnis zeigte, sah der Kaiser sich veranlasst, die Beratung einer Commission zu überweisen. Die Commission bestand aus dem Erzbischof von Salzburg, den Bischö-
fen von Sitten, Triest, Palenzia, Tuy, dem kaiserlichen Beichtvater und drei anderen Doktoren, denen die Weisung gegeben

---

a. a. O. Das Verhältnis von Luthers Schrift „An den christl. Adel
deutscher Nation" zu diesen gravamina des Wormser Reichstages
Gebhardt S. 108 ff. Die Beschwerden Georgs sind, wie aus Aleanders Bericht, Balan S. 79 = Brieger S. 81 (v. 28. Febr.) hervorgeht, noch vor dem 28. Februar aufgezeichnet und eingereicht
worden (etwa 20—28. Febr.), vgl. noch die Erwähnung der gravamina durch Tunstal (am 6. März), Baumgarten S. 476 Anm.
Das für Gebhardt feststehende Datum vom 2. März (s. o. S. 26 A. 4)
scheint ihn zu der falschen Annahme verleitet zu haben, dass Georgs Beschwerden „keineswegs ad hoc aufgestellt, sondern auf den
Reichstag mitgebracht" seien. Gebhardt a. a. O. S. 91.

wurde, auf Gott, den Papst, die Ehre und Pflicht des Kaisers
Rücksicht zu nehmen und dabei möglichst auf Befriedigung
der Fürsten und Vermeidung einer Erhebung des Volkes Be-
dacht zu haben [1]). Dieser Ausschuss, welcher sich aus Vertretern des deutschen und des kaiserlichen Rates und, wie
wir annehmen dürfen, auch aus Vertretern der in der theologi-
schen Disciplin nicht unbewanderten Gelehrten zusammensetzte,
der grösstenteils aber doch wohl aus Anhängern des alten
Kirchenwesens bestand, beriet also über die Frage, ob Luther
kommen solle oder nicht. Der Salzburger erklärte sich nach
Aleanders Bericht dagegen, und auch Aleander war selbst-
redend nicht damit einverstanden. Da jedoch die Fürsten
und Völker es wünschten, so sei es, wie der Erzbischof ver-
sicherte, nicht zu umgehen. Das Dekret, welches die Commission ausarbeiten sollte, war am 26. Februar in deutscher
Sprache fertig und am 27. Februar morgens Aleander gezeigt und dem Sekretär Spiegel zur Uebersetzung in's Lateinische übertragen worden [2]). Am 28. Februar erfuhr Aleander, dass das Mandat die Vernichtung der Lutherischen Bücher und seine Citation enthalte. Spiegel erhielt dasselbe
in Wirklichkeit erst am 28. Februar zur Uebertragung in's
Lateinische [3]).

Obgleich Aleander gehofft hatte, dass die Lutherische
Sache in kurzer Zeit ihre Erledigung im Sinne der Kirche
finden werde, muss er sich gestehen, dass er trotz seiner viel-
fachen und fast täglichen Bemühungen beim Kaiser, Chièvres
und anderen aus dem kaiserlichen Rate, zwar Versprechungen über Versprechungen erhalten, aber bei alledem seit
seinem dreimonatlichen Aufenthalte in Worms doch nichts
anderes erzielt habe, als tausend Beschlüsse ohne Ausführung. Die Schuld dieser Verzögerung laste indes nicht

---

[1]) Balan S. 73 f. = Brieger S. 72 (v. 27. Febr.).
[2]) Nach Balan S. 76 = Brieger S. 76 (v. 27. Febr.).
[3]) Balan S. 78 = Brieger S. 79 (v. 28. Febr.). Der zweite
Mandatsentwurf des Kaisers ('Vernichtungsmandat' bei Förstemann S. 58 (N. 17), in dem die Vernichtung von Luthers Schriften
angeordnet war, scheint vom Kaiser ebenfalls dieser Commission vorgelegt worden zu sein, da Aleander bei Balan S. 78 = Brieger
S. 79 den Hauptinhalt wiedergiebt.

auf dem Kaiser, sondern auf seinem Rate, so dass er an
diesem ganz irre geworden und keine Hoffnung mehr auf
ihn setzt. Chièvres[1]) hält den Handel für leicht zu beseitigen, aber zur besseren Ausführung bedürfe man des Rates
und der Zustimmung der Fürsten. Der Kanzler Gattinara
erklärt ein Concil für unumgänglich und spricht vom Wider-
streben des Geschickes. Sie können nicht anders als Aleander Recht geben, und doch handeln sie nach ihrem Sinn und
halten es für besser zu „temporisieren"[2]). Wir sehen, wie
der deutsche Rat, dem Aleander ein besseres Verständnis
betreffs des Verfahrens in Luthers Sache zuschreibt, sich auf
Aleanders Seite neigte. Indes der geheime Rat des Kaisers
und in ihm besonders Chièvres vertrat ausser den deutschen
noch andere politische Interessen. Daher sehen wir je nach der
schwankenden Haltung derselben auch in der Lutherischen
Sache ein Hinhalten unter mancherlei Vorspiegelungen. In
Rom empfand man Besorgnis um die Sache und man gab
den verschiedenartigsten Gerüchten Raum. Der Druck, welcher
so auf den Papst ausgeübt wurde, führte schliesslich zur
kaiserlich-päpstlichen Alliance. Im Verfolg der Interessen
des kaiserlichen Hofes, aus Luthers Sache für die Politik
Nutzen zu ziehen, konnte das zögernde Verhalten, welches man
betreffs Luther beobachtete, bei manchem den Gedanken
wachrufen, als ob die vom Papste getroffene Entscheidung
nicht als zu Recht bestehend zu betrachten sei. Es war

---

[1]) den der venetianische Gesandte Caspar Contarini in einem
Berichte an Math. Dandalo in den Auszügen aus Marino Sanuto's
Diarien (bei Thomas) S. 17 mit „imperatoris alterum" bezeichnet.
Corner „nennt Chièvres alter rex und am 19. August 1519 schreibt
er gar 'Chièvres ist der absolute König und wenn auch andere bei
den geheimen Angelegenheiten dieser Majestät zugezogen werden,
so hängen sie doch alle von seinem Willen und seinem Wink ab'",
Baumgarten S. 103.
[2]) Die Concilsidee (Gattinara's) vertrat später (1524) auch der
Kaiser. Die Uebel, aus denen der kirchliche Zwiespalt entsprungen,
müssten sofort beseitigt werden; allmähliche schrittweise Reform auf
friedlichem Wege (Erasmus). Vgl. das bereits S. 8 A. 8 Erwähnte.
Balan S. 114 f. = Brieger S. 86 f. (v. 4. März).

möglich, dem Volke ein tieferes Verständnis der neuen Lehre
nahe zu bringen und die Meinung zu verbreiten, als ob
Luther mit Fug und Recht seine Stimme erhoben. Dies Zau-
dern am Reichstage verbunden mit den Forderungen Luthers,
gehört zu werden, zumal aber seine Appellation an ein Concil,
mochte Luther gute Früchte eintragen.

Verschiedener Art waren die Erwägungen, denen man
sich betreffs Luthers Sache hingab. Gattinara, der, wie bemerkt, von einem Concil die alleinige Lösung der Frage ab-
hängig glaubte, und Glapion schlugen trotz des Einspruches
der Nuntien vor, eine Deputation von tüchtigen und gelehrten Männern an Luther zu schicken, um ihn zu fragen, ob
er die unter seinem Namen gehenden Schriften alle oder nur
einige von ihnen als die seinigen anerkenne. Wolle Luther
sie ableugnen, so solle er dies öffentlich anzeigen, erkenne sie
Luther an und wolle ihren Inhalt aufrecht halten, so solle
nach einer Ermahnung an ihn dies dem Kaiser mitgeteilt
werden, und letzterer alsdann ohne Vorzug und ohne weitere
Rücksicht gegen Luther vorgehen. Widerrufe aber Luther
seine Irrlehren oder gäbe er seinen Lehren einen katholischen
Sinn (sensum clarum catholicum), so solle er über diese
Punkte eine Erklärungsschrift veröffentlichen und dann in
Gnaden aufgenommen werden[1]. Erkenne jedoch Luther
einige der Schriften als die seinigen an, während er die
anderen verleugne, so sei ein notarieller Katalog hierüber
anzufertigen und dann über die als sein Eigentum anerkannten das obige Verfahren einzuhalten. Seine Schriften
aber sollen unterdessen sequestriert werden, damit sie späterhin verbrannt würden, oder über sie anderweitig gemäss
den Forderungen des Rechts verfügt werde[2]. Darauf legte
der Kaiser den Ständen verschiedene Fragen und Erklärungen
vor: 1) wohin Luther berufen werden sollte; 2) ob Luthers
Schriften, die wider den Glauben und die christliche Lehre gerichtet seien, verbrannt oder auf andere Weise beseitigt werden

---

[1) Balan S. 116.
[2) Balan S. 117.

sollten, habe sie verfasst, wer wolle [1]); 3) wenn Luther aus-
bliebe, oder nicht revocieren wollte, so solle er für einen offenbaren Ketzer gehalten werden; der Kaiser könne mit Mandaten gegen ihn vorgehen und die Stände und Unterthanen
des Reiches würden ihm darin zur Seite stehen [2]).
Dass Luther gehört werden sollte, stand wohl so ziemlich fest, der Ort aber wohin er citiert werden sollte, kam
erst anfangs März zur Verhandlung. Am ersten März entbot
der Kaiser (um 4 Uhr) die Stände zu Hof und liess ihnen
vorhalten: nachdem er früher etliche Mandate gegen Luther
ausgehen zu lassen beabsichtigt und dazu ihre Bewilligung,
jedoch mit dem Hinweis auf die daraus leicht erwachsenden
Gefahren, erhalten hätte, habe er erwogen, dass man sich
über eine Stadt, wohin Luther zu „erfordern“ sei, verstän-
dige. Es kam zu keinem Resultate. Am zweiten März
(morgens 8—11 Uhr) entschloss sich die Versammlung „einer
geschickteren Meinung.“ Sie wiederholte, da viele Geistliche
„am Kaiser arbeiteten“ und ihn zur sofortigen Verdammung
Luthers zu bestimmen suchten, den früheren Beschluss, Luther erst zu hören und deshalb kommen zu lassen. Dann
ging man zur Beratung betreffs der Stadt, wo Luther ver-
nommen werden sollte, über. Eine Zeit lang dachte man,
Frankfurt dafür zu bestimmen. Wahrscheinlich ward schon
damals Worms gewählt, da bereits am 6. März der Kaiser
das Citationsschreiben an Luther unterzeichnete [3]).
Der vor dem 8. März durch die Ausschussverhand-

---

[1]) Enthalten im zweiten Mandatsentwurf des Kaisers bei
Förstemann S. 58 ff. (N. 17).
[2]) Förstemann S. 54 (N. 13).
[3]) Fürstenberg bei Steitz (Frankf. Neujahrsbl. 1861) S. 48
(N. 3). In den Briefen Aleanders bei Balan ist von dieser Wahl
der Stadt nichts bemerkt. Natürlich machte Aleander gegen Luthers Citation geltend: die päpstliche Bulle, welche Luther bereits als offenbaren Ketzer verdamme: das schlechte Beispiel das man
geben würde, und: die Neuerungen und Empörungen in der Christenheit, welche daraus entstünden; dennoch glaubte er, dass der
Kaiser mit seiner Verfahrungsweise einige gute Motive verbunden
und alles zum Wohle der Kirche und des apostolischen Stuhles,
dessen Advokatus er sei, thun werde.

lungen erzielte Beschluss, Luther zu berufen und alle seine Bücher bis auf weiteren kaiserlichen Befehl zu sequestrieren, erhielt die officielle Bestätigung am 10. März, von welchem Tage derselbe datiert ist ('Sequestrationsmandat')[1]). Das deutsche Mandat, die lutherischen Bücher aufzugreifen und festzulegen, soll am 11. März fertig gedruckt und dann über ganz Deutschland verbreitet werden. Wenn seine äussersten Bemühungen auch nicht ganz nach Wunsch der Curie ausgefallen seien, so müsse man sich doch mit den Erfolgen begnügen[2]). Die Sendung eines Reiters an Luther mit dem Geleitsbriefe[3]) sei unterblieben, und man habe beschlossen, am 11. März einen Herold zu senden, und es sei zu erwarten, dass Luther kommen würde[4]).

---

[1]) Förstemann S. 61 f. (N. 18), Balan S. 121 ff. (N. 47). Vgl. Balan S. 130 = Brieger S. 91 (v. 8. März). Ueber das Datum der Depesche s. Brieger S. 277 f. Der Beschluss ist natürlich nicht ohne Einwirkung Aleanders zu Stande gekommen. Er hofft hiermit der Häresie ein Ziel gesetzt zu sehen und erklärt sich mit der Handlungsweise des Kaisers völlig einverstanden; nur befürchtet er, dass man auch jetzt wie früher nicht sofort mit der That folgen werde. Es steht nun für ihn fest, dass man durch Luthers Sache den Papst in Unterthänigkeit halten wolle, was ihm einzelne Aeusserungen Chièvres, zur Gewissheit erheben: „Machet dass der Papst seine Pflicht thut und gerade mit uns geht, dann werden auch wir thun, was seine Heiligkeit will". Balan S. 164. 131 = Brieger S. 135 (v. 13. April), S. 92 (v. 8. März).

[2]) Aleander bei Balan S. 133 f. = Brieger S. 95 (vom 8. März).

[3]) Bei Walch, Luthers Werke XV, 2123f. Balan S. 120 (N. 46).

[4]) Balan S. 137 f. = Brieger S. 100 f. (v. 16. (15.) März). Die höfliche Anrede des kaiserlichen Begleitschreibens ruft Aleanders ganze Entrüstung wach. Aleander hat von dem Sendschreiben Karls an Luther (bei Balan S. 120 N. 45 v. 11. März) keine Copie erlangen können, Balan S. 147 = Brieger S. 118 (v. 29. März). Dasselbe ist ihm aber gezeigt worden, er hat den Anfang gelesen Balan S. 137 f. = Brieger S. 101 (v. 15. März) und giebt die Anrede wieder: „Nobilis, devote, nobis dilecte", während sie nach Balan S. 120 „Honorabilis, devote, dilecte" lautet. Es ist dies Aleanders ungenaue Erinnerung (oder Lesefehler); das Sendschreiben lag ihm nicht vor, wie er selbst angiebt. — Die Anrede „honorabilis" kommt Luther zu als „Magister", „devote" als „Mönch", „dilecte" als „Mensch".

Auch das Mandat soll erst am 20. März fertig gedruckt sein. Ueber Luther höre man so zu sagen nichts mehr und vor Ablauf von vier Tagen hofft Aleander, dass sämmtliche Schriften Luthers eingezogen sein würden[1]. Aleander selbst ist erst am 29. März in den Stand gesetzt, eine authentische Uebersetzung des Mandates einzusenden, nachdem bereits das Edikt publiciert war[2]. Greifen wir ein wenig zurück in den Verhandlungen über Luthers Verhör. Wir sahen, dass Luther zum Zwecke des Widerrufs citiert werden sollte. Zu diesem Behufe stellte man eine Reihe von Sätzen auf, welche Luther vorgelegt werden sollten[3]. Diese Artikel schickte Spalatin mit einem Gutachten an Luther. Luther indes, der sah, dass man nur das Argument gegen ihn vorbringe, seine Lehre sei gegen die Gebräuche und Satzungen der Kirche ('quam fingunt') gerichtet, erklärte, dass er, handele es sich nur um den Widerruf, nicht erscheinen werde, da er auch in Wittenberg revocieren könne. Für seine Lehre einzustehen, ja das Aeusserste zu leiden, trägt er kein Bedenken. Er sei zudem auch der Ueberzeugung, dass man es auf sein Leben abgesehen habe[4]. Sein Widerruf werde sein: Den Papst

---

[1] Balan S. 140 = Brieger S. 105 (15., 16. od. 19. März). Indes glaube ich vermuten zu dürfen, dass die citierte Depesche (Balan 137 ff. N. 56 = Brieger 100 ff. N. 16) Bestandteile einer anderen Depesche enthalte. Balan S. 139 = Brieger S. 103 enthält einen Hinweis Aleanders auf seine Mitteilungen, welche über seinen speciellen Auftrag hinausgehen. Darauf wird in der Antwort (Balan S. 148) Bezug genommen und daselbst der Empfang von Depeschen vom 19., 23. u. 24. März mitgeteilt. Balan S. 139 = Brieger S. 103 bekundet sich als Schluss eines Aleander'schen Schreibens. Es wird diese Depesche wohl mit Wahrscheinlichkeit auf den (15.) 16. u. 19. März zu verteilen sein. Demnach möchte ich Brieger S. 278 f. in der Bestimmung des Datums bezüglich der Abreise des Heroldes nicht unbedingt beipflichten, möchte vielmehr annehmen, dass dieselbe dem 19. März zuzuweisen wäre.

[2] Balan S. 145 = Brieger S. 116 (v. 29. März). Auch Spalatin hatte das Mandat am 19. März noch nicht gesehen. Vgl. Förstemann S. 61.

[3] Mitgeteilt bei Förstemann S. 44 ff. (N. 8 u. 9).

[4] Luthers Briefe bei de Wette I, 574 (v. 19. März).

habe ich früher für den Stellvertreter Christi gehalten, jetzt widerrufe ich und erkläre: Der Papst ist der Gegner Christi und der Apostel des Teufels[1]).

Am 26. März traf der Geleitsbrief und das kaiserliche Vorladungsschreiben bei Luther ein[2]). Was sollte er thun? Trotz seiner früheren Erklärung schwankte er nicht und folgte der kaiserlichen Vorladung. Noch hörte man allgemein, er werde nicht kommen. Man riet Luther ab, warnte ihn vor dem Schicksale des Hus. Während man auf päpstlicher Seite den lebhaften Wunsch äusserte, dass Luther nicht komme, setzten seine Freunde ihre ganze Hoffnung auf sein Erscheinen. Luther, der erwartete, dass man ihn in Worms hören werde, erhielt unterwegs Kunde von der Publikation des Ediktes[3]) und hörte nun, dass er nur behufs Widerrufs citiert sei. Luthers Freunde waren jetzt schwankend, ob es ihm anzuraten sei, dass er nach Worms komme, da mittlerzeit das kaiserliche Mandat ausgegangen sei[4]). Auf der einen Seite drohte die Gefahr, dass Luther, falls er beharre, als Ketzer trotz der Zusicherung des Geleites ergriffen und bestraft werde; auf der anderen Seite glaubte man annehmen zu dürfen, besonders die weltlichen Fürsten würden es nicht geschehen lassen, dass Luther „über das Geleit etwas übels widerfahren solt".

Was war aber der Grund, dass das kaiserliche Edikt vom 10. März erst am 26. und 27. März zur Veröffentlichung gelangte? Es ist jedenfalls in der kaiserlichen Politik begründet, die freilich von vorneherein der päpstlichen Sache zugethan war, aber doch erst allmählich auf die Wünsche der Curie eingehen wollte. Wunderbar, sagt Kolde, musste es dabei erscheinen, dass in demselben Mandate, welches Luther nach Worms berief, enthalten war: alle Schriften

---

[1]) Luthers Briefe bei de Wette I, 580 (v. 24. März).

[2]) Luthers Briefe bei de Wette I, 580, vgl. Köstlin, M. Luther I[2], 438 A. 2 (S. 779).

[3]) Im Anfange des April; eine genauere Angabe des Ortes und der Zeit ist nicht leicht festzustellen. Köstlin a. a. O. S. 441 Anm. (S. 800).

[4]) Das von Brück verfasste Bedenken bei Förstemann S. 64 ff. (N. 22), (v. Ende März od. Anfang April).

Luthers, so in der päpstlichen Bulle verdammt waren, sollten der Obrigkeit allenthalben ausgeliefert werden bis auf weiteren Bescheid[1]). Da durch das Edikt eine Norm geschaffen war, welche für das Verhör Luthers und das weitere Verfahren als Grundlage dienen sollte, in diesem Beschlusse aber sowohl im Falle des Widerrufs als auch unter der gegenteiligen Voraussetzung Luthers Lehren als irrig bezeichnet waren und vernichtet werden müssten, so konnte eine solche Bestimmung nicht befremden, besonders in anbetracht des Zweckes von Luthers Citation, seine Autorschaft zu bekennen und Widerruf zu leisten[2]). Widerrief Luther, so hatte man ja ohne weitere Schwierigkeit seine irrigen Sätze beseitigt, widerrief er nicht, so waren Kaiser und Reich entschlossen, ihn als Ketzer zu behandeln und seine Schriften zu vernichten[3]).

Zu derselben Zeit, als das Edikt vom 10. März zustande kam, fasste man noch einen anderen Punkt in's Auge. Man schlug einen gütlichen Vergleichsweg mit den Häuptern der ritterlichen Bewegungspartei ein. Dieses Mittel wurde

---

[1]) Kolde, Luthers Stellung zu Concil u. Kirche, S. 100.

[2]) Man vgl. die Bemerkung bei Balan S. 175, Luther sei citiert, um seine Autorschaft der Schriften zu bekennen und Widerruf zu leisten „iuxta vim, formam et tenorem citatorii mandati" (vgl. indes Kolde a. a. O. S. 102).

[3]) Dass das Edikt, wie Waltz S. 33 A. 4 behauptet, den Beschluss der Stände umging, ist wohl kaum begründet, da der Kaiser versprochen hatte, nichts ohne Billigung derselben vorzunehmen. Auch war in dem kaiserlichen Beschlusse auf die Wünsche der Stände Rücksicht genommen (Abstellung der Beschwerden und deren besondere Erledigung durch Verwendung beim Papste seitens des Kaisers, Citation Luthers zum Zwecke des Verhörs). — Es mag wohl ein Drängen von verschiedenen Seiten den Kaiser zur Publikation veranlasst haben (Briefe aus Rom bei Bergenroth, Calendar of Letters, Desp. and State Papers II, 328 ff., vgl. dazu Zeitschrift für Kirchengesch. II (1878) S. 124 A. 4). An letztgenannter Stelle lesen wir eine Notiz, welche von Glapion stammt, der immer noch an der Möglichkeit einer Wiedervereinigung Luthers mit der Kirche festhielt: das Mandat sei „zu einem Spiegelfechten" ausgegangen. Es war dies überhaupt der allgemeine Eindruck, als habe man Luther vom Erscheinen abhalten wollen (vgl. noch Spalatin bei Förstemann S. 69).

versucht, um vor Luthers Ankunft der Gefahr, welche von dieser Seite drohte, zu begegnen. Von der Ebernburg aus beobachtete die Ritterpartei unter Sickingens Führung wie von einer Warte die Vorgänge in dem benachbarten Worms und drohte nötigenfalls mit Gewalt einzugreifen. Man ging daher schon zeitig darüber zu Rate, wie dem drohenden Ungewitter zu entgehen sei[1]). Das zeitweilige Schweigen Huttens führte Aleander auf kaiserliche Weisung zurück und glaubte als sicher erfahren zu haben, dass man ihn in Dienst zu nehmen und so stumm zu machen suche[2]). Als nun das kaiserliche Edikt publiciert wurde, entbrannte die Fehde von neuem. Hutten drohte gewaltig und schonte dabei weder die Nuntien noch die Kardinäle noch auch den Kaiser selbst[3]). Am 5. April[4]) begab sich Armsdorf mit Glapion als schriftgelehrtem Beistand zur

---

[1]) Die Quellen zur Verhandlung auf der Ebernburg s. bei Maurenbrecher, kath. Reform. I, 397 (zu S. 192 f.). Aleander fürchtete, wenn das Edikt die Vernichtung der Bücher Luthers enthielte, einen gefährlichen Aufstand in der Stadt. Balan S. 152 = Brieger S. 121 f. (v. 5. April).

[2]) Balan S. 131 = Brieger S. 92 (v. 8. März).

[3]) Die Invektiven sind abgedruckt in den opera Hutteni ed. Böcking II, 12 ff. Aleander, welcher sich über die Invektiven genau unterrichtet zeigt, begeht gleichwohl einen Irrtum. Bei Balan S. 153 = Brieger S. 122 heisst es, in dem Briefe an den 'Kaiser' sei Huttens Aeusserung enthalten: der Kaiser möge nicht glauben, dass ein kaiserliches Edikt mehr Kraft habe als die göttliche Wahrheit. Diese Aeusserung findet sich in dem Briefe an 'Aleander' (Böcking II, 14 § 14), Jansen, Aleander S. 61 A. 3. — Es hat Hutten, wenn er in den bei Böcking mitgeteilten Invektiven vom Edikte spricht, das vom 10. März datierte und am (26. u.) 27. März publicierte im Auge. Ausdrücklich sagt Aleander Balan S. 152 = Brieger S. 122, Hutten habe, während das Reichsedikt in Vorbereitung war, sich zum Angriffe gerüstet, sei aber erst damit an die Oeffentlichkeit getreten, als das Edikt zur Publikation gelangt war. Die Abfassung dieser Fehdebriefe bei Böcking fällt somit in die Zeit vom 27. März bis zum 5. April. Der Brief an den Mainzer Erzbischof ist vom 25. März, der an den Kaiser vom 27. März datiert. Aus welchem Grunde Aleander die Invektive gegen Caracciolo übergeht, ist mir nicht erklärlich. Fällt ihre Abfassungszeit etwa später?

[4]) Balan S. 154 = Brieger S. 124 (v. 5. April).

Ebernburg, um dort zu unterhandeln. Die Deputation, welche vom kaiserlichen Rate ausgegangen war, sollte dem Anscheine nach einen privaten Charakter tragen. Die Unterhandlung dauerte einen Tag und war am 9. April abgeschlossen [1]. Eine Annäherung von Seiten Glapions [2]) fand hier statt und das Ergebnis war, dass die Ritter ihre Sache nicht mehr mit der Luthers identificierten, indes eine Entscheidung über die Wahrheit der lutherischen Lehre abwarten wollten [3]). Man hatte damit den gewaltsamen Schlag, welcher Worms drohte, gelähmt. Das Anerbieten, welches damals Hutten von Armsdorf im Namen des Kaisers gemacht wurde, gegen eine Verdoppelung seines Jahresgehaltes auf 400 Gulden in den kaiserlichen Dienst zu treten, nahm dieser an.

---

[1]) Zeitschrift für Kirchengesch. II S. 127, vgl. noch Balan S. 164 = Brieger S. 139 (v. 13. April). Glapion war am 9. April wieder in Worms. Am 8. April sandte Hutten den „demütigen und ergebenen Brief" an den Kaiser (bei Böcking II, 47). Hutten war ferner an dem Tage, wo die Disputation stattfinden sollte, krank. Daraus ergiebt sich mit ziemlicher Wahrscheinlichkeit der 7. April als Tag der Verhandlung.

[2]) Eine so freundliche Annäherung fand zwischen den Abgesandten und den Vertretern auf der Ebernburg statt, dass Bucer damit beauftragt wurde, eine Vermittelung mit Luther zu bewirken, wozu Hutten gute Hoffnung habe (Böcking VIII, 806). Hierbei liegt die Combination von Glapions Aeusserung nach dem Berichte Aleanders bei Balan S. 198 = Brieger S. 165 (v. 27. April) nahe. Glapion hatte nämlich vor mehr als zehn Tagen Luther das Anerbieten überbringen lassen (also vor dem 17.) in der Zeit, wo Luther sich der Ebernburg näherte. Die Proposition Glapions lautete dahin, dass Luther die irrigen Sätze und die verurteilten Behauptungen widerrufen solle, und dann würde sich leicht ein Mittel zur Vereinigung finden lassen, bis zur Berufung eines zukünftigen Concils die Sache mit Stillschweigen zu begraben. Luther wies das Anerbieten zurück, suchte aber seinerseits in Worms eine Unterredung herbeizuführen, die Glapion als „nun unnütz" ebenfalls zurückwies. Man vgl. die bei Brieger, Neue Mitteil. S. 11 A. 3 angeführten Stellen. Durch wen hätte Glapion nach der Verständigung auf der Ebernburg vor dem 17. April (etwa am 15.) anders als durch Bucer den Antrag überbringen lassen können?

[3]) In den Berichten von Seiten Huttens und Bucers über die Verhandlung herrscht geheimnisvolles Dunkel.

Hutten hat später auf diese Pension Verzicht geleistet, nachdem ihm die kaiserliche Erklärung, d. h. das Wormser Edikt zu Gesicht kam [1]).

Auf die Kunde von dem Anzuge Luthers beriet Aleander mit dem Kaiser, Glapion und dem geheimen Staatsrate das weitere Verfahren, stets nur das Ziel verfolgend, dass die päpstliche Autorität unbeeinträchtigt bleibe und die Gegenwart Luthers in Worms zum Vorteile der Kirche ausfalle. Der Kaiser, dessen Beständigkeit Aleander nur lobend anerkennt, und der das Reichsdekret beobachtet wissen will, hofft noch besondere Erfolge zu erreichen. Karl V. will das Verfahren so eingehalten wissen, dass, wenn Luther die verurteilten Schriften und die anderen, insofern sie etwas enthalten, was gegen die katholische Kirche, die Gesetze und die bisher beobachteten Gebräuche verstosse, nicht widerrufe, diese Schriften verbrannt würden. Luther sollte, nachdem er unter sicherem Geleite nach Hause zurückgekehrt sei, als Ketzer, gegen den alle Fürsten und Völker sich zu erheben verpflichtet seien, behandelt werden. Der Kaiser, schreibt Aleander, zeige eine gute Natur und religiöse Gesinnung, thue aber nichts ohne das Gutachten seines Rates einzuholen [2]).

Der allgemeine Jubel, welcher Luther auf seiner Reise nach Worms begleitete, rief Aleanders ganze Entrüstung hervor [3]). Auch die Kaiserlichen wurden nach Aleanders Erzählung [4]) von Schrecken ergriffen, als sie hörten, dass Luther herannahe, obgleich er keinen Augenblick daran gezweifelt,

---

[1]) Balan S. 252 f. = Brieger S. 226 f. (v. 26. Mai). Wir werden wohl an der Richtigkeit der Nachricht Bucers bei Böcking VII, 607 (v. 22. Mai) vgl. II, 20 ff. 340. nicht mehr zweifeln dürfen. Diese Angabe ist also nicht verfrüht, wie Strauss, Ulrich v. Hutten [2] S. 446 u. Maurenbrecher, Studien u. Skizzen S. 272 Anm. annehmen. S. noch Brieger, Quell. u. Forsch. S. 227 A. 1.

[2]) Balan S. 161 ff. = Brieger S. 135 ff. (v. 13. April).

[3]) Aleander will hier weder von der Person des Heroldes noch von der Zeit seiner Abreise etwas gewusst haben, sonst würde er mit aller Kraft dagegen gearbeitet haben, Balan S. 165 = Brieger S. 140 (v. 13. April) und doch giebt er Balan S. 140 = Brieger S. 105 (v. 19. ? März) bestimmt den Tag der Abreise an.

[4]) Balan S. 165 = Brieger S. 140.

nachdem der Kaiser einen so freundlichen Brief an Luther
gesandt habe.

Als Luthers Ankunft zu erwarten stand, war Aleander
besonders bemüht, dahin zu wirken, dass Luther so geheim
wie möglich in Worms einziehe, und dass ihm ein Aufenthalt im Palaste angewiesen würde, wo kein Verdächtiger
sich mit ihm besprechen dürfe, sodann dass Luther nur das
gefragt würde, was im Dekrete der Fürsten vorgesehen sei.
Damit erklärte sich der Kaiser einverstanden. Anders lau-
tende Gerüchte machten auf Aleander solchen Eindruck, dass er
überhaupt daran zweifelte, ob seine vorgeschlagenen und ge-
billigten Massnahmen befolgt würden. Auch liess er es nicht
daran fehlen, mit Caracciolo ungesäumt zum Kaiser zu eilen,
um Gegenvorstellungen zu machen, woselbst er erfuhr, dass
man noch bessere Anordnungen treffen werde, als beschlossen
seien, oder doch wenigstens im schlimmsten Falle nach dem
Reichstagsbeschlusse verfahren würde[1]).

Luther traf am 16. April morgens 10 Uhr in Worms
ein. Eine Menge Volkes eilte herbei, um ihn zu sehen[2]).

Um noch einmal die Situation vor dem 17. April zusammen
zu fassen, so hatten die Verhandlungen am Reichstage ergeben,
dass Luther nach Worms citiert ward, um über seine Schriften
Rechenschaft abzugeben. Es sollte ihm die Frage vorgelegt
werden, ob er die unter seinem Namen bekannten Schriften
als die seinigen anerkenne oder nicht. Falls er sie anerkenne, sollte an ihn die Frage gerichtet werden, ob er die
als irrtümlich erkannten Sätze in denselben widerrufen wolle
oder nicht. Würde Luther seine verurteilten Lehren aufrecht
halten, so sollte ihn die gebürende Strafe der weltlichen Gewalt treffen. Es sollte alsdann auch die weltliche Macht für
die Vernichtung seiner Lehre sorgen, ihn selbst aber wie
einen Ketzer behandeln.

---

[1]) Balan S. 165 f. = Brieger S. 140 f. Es verlautete, dass
man damit umgehe, Luthers irrtümliche Lehren zu scheiden und ihn
einige den Glauben betreffende widerrufen, jene betreffs der päpstlichen Gewalt aber durchschlüpfen zu lassen; doch daran hat der
Kaiser sicher nicht gedacht.

[2]) S. über Luthers Einzug in Worms Köstlin, M. Luther
I [2], 443 f.

Es kam in diesen Tagen die wichtige Frage zur Entscheidung, ob Luther vor Kaiser und Reich seine vom Papste
verurteilten Lehren widerrufen werde oder nicht. Dass
letzteres geschah, und dass Luther alsdann die Strafe der
Reichsacht treffen werde, war wohl vorauszusehen.
In den Tagen des 17. und 18. April erscheint wiederum
Aleander als das besonders aktive Element. Er leitete, wenn
auch unsichtbar, den Gang der Verhandlungen, während in Wirklichkeit Eck, der Official des Erzbischofs von Trier, als deren
Leiter erscheint. Mit eben diesem Eck war Aleander ganz
vertraut und wohnte mit ihm in demselben Hause, Stube an
Stube[1]). Am Morgen des 17. April gab er die geeigneten
Instruktionen, traf die Anordnungen für die Verhandlung
und verfasste selbst die Artikel, welche Luther vorgeführt
werden sollten[2]).
Luther ward am 17. April (nachmittags 4 Uhr) auf
die Pfalz oder des Bischofs Hof, wo der Kaiser und sein
Bruder Ferdinand ihre Wohnung hatten, vor die Versammlung des Reichtages beschieden[3]). Hier wurde er, wie Aleander es gewünscht und angeordnet hatte, nach der Form des
Citationsmandates von Eck zuerst in lateinischer, dann in deutscher Sprache[4]) gefragt, ob er sich zu den Büchern, welche vorlagen, und die Aleander nach seiner Aussage auf Anstiften des
Kaisers dorthin hatte bringen lassen[5]), bekenne oder nicht;
sodann ob er sie und ihren Inhalt widerrufen oder vielmehr

---

[1]) Nach Brieger, N. Mitteil. S. 9. Vgl. noch Balan S. 161
= Brieger S. 135 (v. 13. April).
[2]) Balan S. 172 = Brieger S. 145 f. (v. 17. April).
[3]) Nach Spalatin bei Förstemann S. 69. S. noch Köstlin,
M. Luther I[2], S. 444. Bezüglich der zahlreichen Berichte über diese
Tage verweise ich auf einen besonderen Exkurs (II). Nebenbei
möchte ich noch auf einen Fehler in der Redaction der opera varii
argumenti VI, 6 aufmerksam machen. Luther wurde, weil zu viel
Volk auf dem nächsten Wege sich befand, auf geheimen Seitenwegen
vor die Reichsversammlung geführt. Die opera var. arg. lesen, „in isto
ad Caesaream domum itinere", während die zu Grunde liegenden
Acta et res gestae (‚A') richtig „in iusto ad Caes. d. it." lesen.
[4]) Balan S. 175. Cochlaeus, historia de actis et scriptis
Lutheri (Paris 1565) S. 30.
[5]) Balan S. 173 = Brieger S. 146 (v. 17. April).

darauf bestehen wolle. Auf Verlangen Schurfs, des Rechts-
beistandes Luthers bei den Verhandlungen, wurden ihm die
Bücher öffentlich und einzeln genannt [1]). Luther bejahte die
erste Frage [2]). Bezüglich der zweiten Frage, ob er widerrufen wolle oder nicht, suchte Luther einer bestimmten Antwort auszuweichen und erklärte sich bereit, Belehrung aus
den hh. Schriften anzunehmen [3]). Andererseits sei die be-
stimmte Forderung für ihn schwierig zu erfüllen, da es sich
um den Glauben handele, er erbitte sich daher Bedenkzeit.
Nach kurzer Beratung des Kaisers mit den Kurfürsten, Fürsten, Ständen und Gesandten einzelner Staaten ward ihm dieselbe, wenngleich nicht ohne Schwierigkeit [4]), gewährt bis

---

[1]) Im einzelnen sei noch bemerkt, dass die Acta Lutheri in
den opp. var. arg. VI, 7, Spalatini annales S. 40 und Cochlaeus,
historia S. 80 die Notiz enthalten, dass Hieronymus Schurf, der
Rechtsbeistand Luthers, bei den Verhandlungen eingeworfen, es
möchten die Titel der Bücher verlesen werden, ehe Luther die Antwort gebe. Vgl. Muther, Aus dem Universitäts- und Gelehrten-
leben 1866 S. 195. Corpus Reform. XII, 93. Dies haben wir jedenfalls in den Acta bei Balan S. 175 nach 'ostenso' zu ergänzen, wie
aus dem folgenden hervorgeht.

[2]) Hier bieten die Acta bei Balan S. 175 die Bemerkung, dass
Luther mit undeutlicher Stimme (vgl. Fürstenberg bei Steitz a. a. O.
S. 48, welcher bemerkt, Luther habe zuerst deutsch, dann lateinisch
geantwortet), noch hinzugefügt, dass er auch noch andere, nicht ge-
nannte Schriften verfasst habe und am Rande die Clausel, wenn
nicht jemand unter seine Schriften etwas eingestreut habe. Diese
Notiz erhält Beglaubigung dadurch, dass Luther am folgenden Tage
auch diesen Punkt wieder berührt. Balan S. 178, vgl. noch Peutinger bei Kolde, analecta Lutherana S. 29 „doch ob ihm zuwider
etwas darin ohn sein Wissen und Willen gedruckt wäre, das wolt
er für das sein nit halten" (v. 18. April).

[3]) Nur in den Acta bei Balan S. 175 erwähnt.

[4]) Auszüge aus Marino Sanuto's Diarien (bei Thomas)
S. 12 (N. 33); vgl. Lenz, M. Luther [3] S. 118. Ueber die Art der
Beratung berichtet Aleander, Balan S. 173 = Brieger S. 146
(v. 17. April), dass der Kaiser mit seinem geheimen Rate, die Kur-
fürsten, die anderen Fürsten und endlich die Gesandten der Staaten
besonders getrennt zur Seite getreten und beraten hätten; vgl.
Waltz S. 34 f. Wahrscheinlich vereinigte man das Ergebnis der
Einzelberatungen zu einem Gesammtresultate.

zum folgenden Tage (nachmittags 5 Uhr). Nach einer eindringlichen Ermahnung von Seiten des Officialen, an der
Einheit der Kirche festzuhalten angesichts der Strafen,
welche ihm drohten [1]), ward Luther bis zum festgesetzten
Termine entlassen.

Die hochwichtige Entscheidung Luthers vor Kaiser und
Reich sollte am 18. April fallen. Luther hatte sich zu
seinen Schriften bekannt. Indes die Frage des Widerrufs
machte ihn für jetzt schwankend. Er erkannte die Tragweite
dieser Entscheidung, und obwohl er vorher fest entschlossen
gewesen, nichts zu widerrufen, wagte er es nicht, sogleich
diese seine Willensmeinung und Glaubensüberzeugung zum
entscheidenden Ausdrucke zu bringen.

Am 18. April begann die Verhandlung um 6 Uhr nachmittags. Der Official Eck wiederholte die am vorigen Tage
gestellte Frage, ob er die verurteilten Sätze in den von ihm
als sein Eigentum anerkannten Schriften widerrufen wolle [2])

---

[1]) Die Acta in Lutheri opp. var. arg. VI enthalten hierüber
nichts (vielleicht ist dies absichtlich übergangen, damit die folgende Bemerkung Ecks, Luther habe den Aufschub eigentlich nicht verdient,
schärfer hervortritt). Vgl. noch Kolde, Luthers Stellung S. 103 A. 1, der
darauf hinweist, dass nach einer Bemerkung der Acta opp. var. arg. und
Spenglers vom 18. April bezüglich der Ermahnung zur Einigkeit
der Kirchen weiteres als berichtet wäre, vorauszusetzen sei. Charakte-
ristisch für die Beurteilung Luthers von Seiten Aleanders wie bei seinem Einzug in Worms, Balan S. 170 = Brieger S. 143 (v. 16. April)
ist auch die Deutung von Luthers Eintritt in die Versammlung und
seinem Verhalten. Balan S. 174 = Brieger S. 147 (v. 17. April):
Luther sei lachend eingetreten und habe beständig seinen Kopf
hierhin und dahin, nach oben und nach unten gedreht. Bei seinem
Weggehen sei er nicht so munter gewesen. Einfach und natürlich
ist ein solch schüchterner Eintritt und unfestes Verhalten Luthers
vor unbekannter zahlreicher Versammlung leicht zu erklären. Vgl.
noch die oben erwähnte Stelle aus Fürstenbergs Bericht bei Steitz
S. 48, dass Luther allgemein von seinem Rufe bedeutend eingebüsst.
Ich verweise noch auf Contarini's Mitteilung in den Auszügen aus
Sanuto's Diarien (bei Thomas) S. 16.

[2]) In den Acta opp. var. arg. VI, 7 übereinstimmend mit den
Acta bei Balan S. 175, jedoch in der Aufnahme in den opp. var. arg.
durch die Entgegnung Luthers am 17. April schon dahin modifi-

und zwar zuerst in lateinischer und dann in deutscher Sprache.
Obgleich er als gelehrter Kenner der h. Schrift die Antwort
schon am vorherigen Tage hätte geben sollen, und in Sachen
des Glaubens eine Verschiebung nicht zu verstatten sei, so
habe auf sein Begehren der Kaiser aus angeborener Milde ihm
bis dahin Zeit zur Erwägung gegeben und man erwarte jetzt
seine Erklärung. Darauf hielt Luther zuerst in lateinischer,
dann in deutscher Sprache eine längere Rede, entschuldigte sich:
wenn er als unerfahrener Mönch nicht der gebürenden Ehren-
titel sich bediene, so möge man ihm das verzeihen[1]. Dann
ging Luther[2] zu der vorgelegten Frage über, teilte seine
Schriften in drei Klassen ein[3] und erklärte nichts von ihnen

_____

ciert, ob er alles in gleicher Weise aufrecht halten oder widerrufen
wolle. Es scheint, dass hiermit die folgende Differenz opp. var. arg.
VI, 9 (: ob er irgend etwas widerrufen wolle) eingeleitet und motiviert
sein soll, während die Acta et res gestae (,A') von Anfang an sich
constant bleiben (: ob er irgend etwas widerrufen wolle) Balan
S. 177 (: ob er den Inhalt seiner Schriften widerrufen wolle).
Jedenfalls ist obige Abweichung befremdend und lässt auch die letztere als zweifelhaft erscheinen. Sollte man es Luther überlassen
haben, zum Zwecke einer möglichen Vereinigung nur einzelnes aus
seinen Schriften zu widerrufen? Uebrigens sei noch augemerkt, dass
auch Cochlaeus hist. S. 31 diese Divergenz mit den Acta et res gestae
(,A') teilt, der überhaupt bezüglich der Verhandlungen mit diesen Acta
meist übereinstimmt. — Kolde, L. Stellung S. 102 A. 6 macht
noch darauf aufmerksam, dass bei Peutinger auch der Ort der Verhandlung ein anderer war als am Tage vorher, s. ausser Kolde,
analecta 28 f. noch Spalatin bei Förstemann S. 69.

[1] Cochlaeus a. a. O. S. 31 glaubt, mit dieser natürlichen Bitte
Luthers an die Fürsten, sich durch solche formelle Verstösse in ihrem
Urteile nicht beinflussen zu lassen, habe Luther den Fürsten schmei-
cheln wollen, woran wir in dieser krassen Weise wenigstens nicht
denken dürfen.

[2] Die articuli interrogatorii bei Balan S. 177 sind mit Aleanders Bericht bei Balan S. 186 = Brieger S. 152 (v. 19. April)
zu combinieren, der diesen Punkt nach dem Beschlusse des Kaisers
und der Stände specificierte.

[3] Die Einzelheiten sind zu bekannt, als dass es nötig wäre,
sie zu wiederholen. Ich verweise auf Köstlin, M. Luther I[2],
449 ff. Indes möchte ich noch Aleanders Bericht vergleichen. Wir
wissen bekanntlich aus Peutingers Bericht, dass die päpstlichen
Nuntien der Verhandlung am 18. April nicht beiwohnten, ob, wie

widerrufen zu können. Darauf betonte Eck in eingehender Entgegnung auf Luthers Worte, dass er die verworfenen Irr-

Kolde, Luthers Stellung S. 102 f. annimmt, weil sie fürchteten, harte Dinge von Luther zu hören, lasse ich dahingestellt. Die leitenden Organe der Verhandlung, deren Fäden Aleander, wenn auch abwesend, gleichsam hinter den Coulissen in der Hand hat (Brieger, Neue Mitteil. S. 8 f.), würden doch wohl dagegen Einspruch erhoben und ihm derartige Auslassungen untersagt haben, wie es teilweise auch geschah von Seiten Ecks (und des Kaisers). Aleander schrieb einen Bericht an den Vicekanzler, hat also seinen Vertreter bei der Verhandlung gehabt. Sein Bericht ist ungenau. Er verschiebt die Reihenfolge der von Luther in drei Klassen eingeteilten Schriften, N. 2 (Aleander 1), 3 (Al. 2), 1 (Al. 3), teilt ferner zwei Einzelheiten mit, die sonst nicht bezeugt sind. Sie werden als bisher unbekannte Notizen bei Brieger a. a. O. aufgeführt, sind jedoch schon von Waltz S. 36 aus Münters Kirchengesch. und von Köstlin, Luthers Rede S. 17 aus Pallavicini, Istoria del concilio di Trento mitgeteilt. Aleander berichtet Balan S. 186 = Brieger S. 152 (v. 19. April), dass Luther bei der Erörterung der zweiten Klasse seiner Schriften den Papst und den römischen Hof in so gehässiger Weise angegriffen habe, dass der Kaiser selbst Luther in diesem Punkte Stillschweigen geboten habe. Auch Contarini in den Auszügen aus Sanuto's Diarien (bei Thomas) S. 14 berichtet, Luthers Rede sei darauf hinausgegangen, dass er auf Rom, den Papst und die römische Curie schmähte. Dass ein persönliches Eingreifen des Kaisers stattgefunden, wissen wir sonst aus keinem Berichte. Ich glaube, dass Contarini dies in seinem Berichte würde erwähnt haben. Ziehen wir die Acta hierbei zu Rate, so lesen wir in der Entgegnung Ecks bei Balan tadelnde Worte betreffs Luthers Invektive gegen das Papsttum. Luther habe heftiger und schärfer gegen das Papsttum gesprochen als es seiner Religion, d. h. seinem mönchischen Stande (Spalatin bei Förstemann S. 70 „dem christlichen Wesen und Stande") zustehe, Worte, welche kein gläubiger Fürst mit geneigtem und gefälligem Ohr angehört habe. Der so gütige Kaiser, welcher es ihm verstattet, zu reden, habe ihn mit bei weitem grösserer Gelassenheit angehört, als er selbst gesprochen habe. Hiernach glaube ich die Aleander'sche Notiz für zweifelhaft halten zu dürfen. Vgl. noch den Umstand, dass dem Kaiser die lateinische Sprache nicht besonders geläufig war, Baumgarten S. 456. Die andere Mitteilung Aleanders, Balan S. 187 = Brieger S. 153, dass der Kaiser, als Luther am Ende der Verhandlung sich erboten habe, die Infallibilität der Concilien zu widerlegen, die Verhandlung aufgehoben habe mit den Worten: Genug hiervon, er wolle ihn nicht

tümer des Hus lehre und alle Würde und Autorität der
Concilien vernichte und entkräfte. Beharre er auf seinen Irrtümern, so würde ihn das Los früherer Ketzer treffen. Zudem berührten seine Lehren vielfach die der Waldenser, der
Armen von Lion, Wicleffs und Hus'. Da man aber an eine
Disputation über seine Lehren nicht denken könne, so ver-
lange man eine klare und unverfängliche Antwort von ihm,
ob er seine Bücher und die darin enthaltenen Irrtümer widerrufen wolle oder nicht.

Bekannt ist Luthers Erklärung, dass er nichts widerrufe, wenn er nicht durch Gründe der h. Schrift oder der
Vernunft eines besseren belehrt würde, da er nicht gegen
sein Gewissen handeln könne [1]).

Luther hatte also in seiner Erklärung die h. Schrift
als die alleinige Glaubensquelle hingestellt und auch evidente
Gründe der Vernunft anerkannt, dagegen die Autorität des
Papstes und der Concilien geleugnet. Besonders die Be-
streitung ihrer unbedingten Autorität, durch welche man
seine Lehren umzustossen glaubte, musste notwendig dahin führen, dass Luther in der Frage der Reformation der
Kirche, wozu man ihn verwenden wollte, und in der der Politik preisgegeben wurde. Auch für solche, welche dem päpstlichen Absolutismus abhold die Autorität der grossen Concilien
gelten liessen, war eine Verbindung mit Luther unmöglich
geworden [2]).

---

weiter hören, erhält Bestätigung durch die Notiz, Auszüge aus Sanuto
(bei Thomas) S. 12, dass, als Luther die Concilien anfocht, der
Kaiser Luther weggeschickt, also die Versammlung aufgelöst habe.

[1]) Am Schluss seiner Entgegnung verlangte Eck, Balan S. 183,
dass Luther „sincere et candide, non ambigue, non cornute" antworte, ob
er seine Schriften und die darin enthaltenen Irrtümer widerrufen wolle
oder nicht. Auf die Forderung des „simplex responsum" giebt Luther
die Antwort, die er als „neque cornutum neque dentatum" bezeichnet; „cornutum" ist jedenfalls im Sinne der mittelalterlichen Scho-
lastik zu interpretieren als „trügerisch". („Trugschluss", „gehörnter
Schluss".) Sarkasmus ist es, dass Luther dem „cornutum" das „dentatum" beifügt.

[2]) Köstlin, Luthers Rede S. 35 f. Mit Recht bemerkt daher Köstlin weiter, dass dieser Punkt besondere Rücksicht bezüglich der noch folgenden privaten Verhandlungen verdient.

Folgen wir den Vorgängen nach dem 18. April, welche
einen derartigen Verlauf nahmen, dass sich ihnen weitere
Ausgleichsverhandlungen anreihten. Luther, von einer zahlreichen Menge begleitet, verliess den Saal. Gewiss war er
innerlich froh, vor Kaiser und Reich seine Lehre mutig aufrecht erhalten zu haben und streckte, wie Aleander[1] berichtet, seine Hände nach der Art germanischer Soldaten
in die Höhe, wenn sie frohlockten über einen glücklich aus-
geführten Streich.

Am 19. April versammelte der Kaiser die Kurfürsten,
Fürsten und Stände und man beriet, was man weiter in
Luthers Sache thun solle[2]. Der Kurfürst von Brandenburg
wies darauf hin, dass Luther die Autorität der Concilien be-
streite, für die nicht allein die Päpste, sondern auch die
Könige und Fürsten eingetreten, und die allein imstande
seien, in zweifelhaften Fällen und Controversen zu entscheiden, dass ferner die Fürsten und Stände ihre thätige
Hülfe zugesagt hätten, wenn Luther gehört wäre und auf
seinen Lehren bestehe. Daher möchten sie dem Kaiser treu-
lich zur Seite stehen. Luther solle sich unverzüglich zurück-
begeben und, nach Ablauf des Geleites, solle der Kaiser mit
strengen Mandaten gegen Luther und seine Anhänger vorgehen
und zwar, gemäss dem früheren Mandate, Luthers Bücher
vernichten und der Ketzerei ein Ende machen. Was zur
Durchführung und im weiteren Verfahren der Versammlung
zweckdienlich erscheine, möge man dem Kaiser mitteilen[3].

Der Kaiser sandte noch an demselbigen Tage eine
eigenhändige, in französischer Sprache geschriebene Erklärung
in die Versammlung und liess sie in deutscher Uebersetzung

---

[1] Bei Balan S. 187 = Brieger S. 153 (v. 19. April).

[2] Hierhin gehört die bei Balan S. 184 f. gedruckte sen-
tentia March. Brandenburgens. de Luthero, welche uns die
Erwägungen dieser Versammlung vergegenwärtigt. Balan S. 187 f.
= Brieger S. 153 f. (v. 19. April).

[3] Von des Kaisers Erklärung ist hier noch nicht die Rede.
Es ist ein Gutachten, welches der Kurfürst jedenfalls im Anfange
der Versammlung vorbrachte. Fürstenberg bei Stoitz a. a. O.
S. 50 (v. 19. April). Vgl. Baumgarten S. 456.

vorlesen [1]). Diese kaiserliche Erklärung [2]) betonte, dass er als Nachfolger der christlichsten Kaiser deutscher Nation und der katholischen Könige Spaniens an den Satzungen der Vorfahren und den Entscheidungen des Constanzer Concils, denen Luther mit seiner Lehre widerstreite, festhalten wolle. Derselbe solle nicht mehr gehört werden, sondern nach der Bestimmung des Geleitsbriefes zurückkehren und alsdann gegen ihn als einen offenbaren Ketzer verfahren werden, und hierzu erhofft er die Mithülfe der Fürsten und Stände. Man sieht, der Kaiser giebt dem Grundsatze Ausdruck, dass, da Luther die Concilien nicht mehr anerkennen wolle und er auf seiner Lehre, die der von der ganzen Christenheit vertretenen widerspreche, beharre, an eine Vereinigung mit ihm nicht mehr zu denken sei [3]).

Die Beratungen der Fürsten über diese Erklärung dehnten sich über den folgenden Tag aus, woraus hervorgeht, dass eine unbedingte Beistimmung nicht vorhanden war. Am

---

[1]) Wohl gleich nach Mittag, da die Beratung hierüber den ganzen Nachmittag und den folgenden Tag dauerte, opp. var. arg. VI, 15. Die Versammlung begann am 19. April Morgens.

[2]) Abgedruckt bei Förstemann S. 75, Goldast, coll. constitutionum imperial. II, 142 f., Cochlaeus hist. S. 22 f. u. a. in lateinischer Uebertragung, in den Ausz. aus Sanuto's Diarien (bei Thomas) S. 17 f. in italienischer Sprache mit einigen Divergenzen. Bei Vergleichung der Einzelheiten ergiebt sich der Förstemann'sche Abdruck als ein mangelhafter. So ist z. B. bei Förstem. statt „verus eorum imperator", was keinen Sinn giebt, offenbar „verus eorum imitator" zu lesen, wie dies aus den anderen Uebersetzungen ersichtlich ist. Ebenso folgt, dass in dem Satze: Nam evidenter patet ... ein Verbum wie „errat" oder ein sinnverwandtes ausgelassen ist. Andere Abweichungen im Ausdrucke sind jedenfalls auf Rechnung der Uebersetzung zu schreiben. Ueber das Verhältnis der Uebersetzungen zu einander, ob jede direkt und selbständig auf dem Originale fusst, wage ich keine Entscheidung.

[3]) Nach Aleanders Bericht übte die Verlesung dieser Schrift einen unerwarteten, betäubenden Eindruck auf viele aus, Balan S. 188 = Brieger S. 154 (v. 19. April). Aleander ist mit dem Erfolge und der bisherigen Verfahrungsweise, wie immer, wenn er gute Erfolge in Händen zu haben glaubt, vollständig einverstanden. Vgl. ähnliche bereits mitgeteilte Aeusserungen s. o. S. 34 A. 1 u. a.

20. April überreichten die Fürsten in französischer Sprache (d. h.
wahrscheinlich in französischer Uebersetzung) ihr Gutachten
dem Kaiser[1]). Sie stellten zur Erwägung, dass der Handel von grossem Gewichte und von grosser Tragweite sei,
und Luthers Lehre an verschiedenen Orten Verbreitung gefunden habe. Da man Luther die irrigen Punkte nicht vor-
gehalten, er sich aber erbötig gezeigt habe, so man ihn
in irgend welchen Punkten eines Irrtums überführe, dies anzunehmen, so könne gesagt werden, er sei nicht gehört worden.
Sie erachten es für gut, dass Luther von seinen Irrtümern zur
Wahrheit zurückgeführt würde. Sie schlagen daher vor, dass
eine Commission von Männern, die in der h. Schrift unterrichtet seien, zu Luther entsandt würde, um ihm in Gegenwart von anderen gereiften Personen, die dem Glauben, den
Concilien und Gebräuchen widerstreitenden Sätze vorzuhalten;
sie sollten den Versuch anstellen, ob sich Luther zum Widerruf würde bewegen lassen, was vieles Unheil verbüten würde.
Wenn aber Luther hartnäckig beharre, würden die Fürsten
und Stände dem Kaiser beipflichten. Dieses Gutachten legt
also Gewicht darauf, dass Luther die irrigen Punkte vorgelegt und er darüber gehört werden möge, was nicht geschehen war.

Wirklich schienen die Befürchtungen vor Unruhen sich
bewahrheiten zu sollen. In der Nacht vom 19. auf den 20.
April wurden mancherlei Drohungen durch Anschläge laut.
Diese drohenden Gefahren und die Erwägung der Fürsten
scheinen des Kaisers Sinn, welcher erklärte, kein Jota an
seinem Entschlusse ändern zu wollen[2]), dahin umgestimmt zu
haben, dass er weitere Verhandlungen gestattete. Zu dem
Ende gewährte er eine Frist von noch drei Tagen[3]). Aleander befürchtete, dass durch List und Umtriebe dieser Ver-

[1]) Abgedruckt bei Balan S. 188 ff. (v. 20. April), worin auch
die Concilien Erwähnung finden.
[2]) „Non mutarebbe pur un iota della sua deliberatione“ nach
Balan S. 194 = Brieger S. 159 f. (v. 27. April).
[3]) Aleander führt die Erklärungen der Fürsten auf die Bemühungen des Kurfürsten von Sachsen zurück. Die Frist von drei
Tagen ward wohl am 22. April gegeben (Verhandlung am 24. April),
vgl. Spalatini annal. S. 42.

such für die Kirche einen schlechten Ausgang nehmen werde. Daher richtete er noch vor dem 24. April ein Schreiben an den Trierer Erzbischof, welcher die private Verhandlung in die Hand genommen[1]), des Inhalts, dass eine friedliche Beilegung nicht erfolgen könne, wenn man, wie er erfahre und was ihm immer glaubhafter erscheine, nicht vornehmlich die Autorität des Papstes berücksichtige[2]).

Auf Bitten der Fürsten und Stände und aus „besonderem gnädigen Mitleiden und auf Zugeben" des Kaisers ward beschlossen, ferner mit Luther zu verhandeln. Diese Verhandlung[8]) sollte den Charakter friedlicher Ermahnung tragen, dass Luther nicht auf seiner eigenwilligen Meinung beharren, sondern bei der Einheit der christlichen Kirche bleiben möge. Es wurden zu Luther verordnet die Kurfürsten von Trier und Brandenburg im Namen der Kurfürsten, die Bischöfe von Augsburg und Brandenburg im Namen der anderen geistlichen Fürsten, Herzog Georg von Sachsen und der Meister des deutschen Ordens als Vertreter der weltlichen Fürsten, Ritter

---

[1]) **Balan** S. 192 (N. 73). Dass man dem Trierer Erzbischofe die Verhandlung anvertraute, ist gleichsam als eine Concession Luther gegenüber anzusehen, da man im J. 1519 auch eben demselben Erzbischofe die Sache Luthers übergeben, **Ranke**, Werke I[4], 272 f. 300, **Balan** S. 96: Der Papst aber sei, bevor diese Bemühungen ihren Abschluss erreicht hätten, gegen Luther vorgegangen, was Luther und der Kurfürst von Sachsen geltend gemacht hatten.

[2]) Er befürchtete, wie anderweitig aus seinem Berichte bekannt (**Balan** S. 195), dass Luther nur zugemutet würde, einige anstössige Punkte zu widerrufen, ohne dass des Papstes Erwähnung geschehen sollte.

[8]) Ueber die folgenden Verhandlungen mit Luther bildet die Hauptquelle der von **Seidemann** in der Zeitschr. f. hist. Theol. 1851 S. 83 ff. publicierte Bericht des **Vehus** v. 3. Juni. Dazu kommen **Spalatins** Bericht bei **Förstemann** S. 71 f., **Cochlaeus**, hist. S. 34 ff. **Luthers** Angaben im Schreiben an Kaiser Karl bei de **Wette** I, 589 ff. (v. 28. April). **Aleanders** Bericht bei **Balan** S. 195 ff. = **Brieger** S. 160 ff. (v. 27. April). Bericht in den opp. var. arg. VI, 16 ff. Den wesentlich gleichen Bericht haben wir in den Acta et res gestae (,A'), welche von **Vehus** a. a. O. S. 83 f. erwähnt werden.

Hans Bock und Doktor Conrad Peutinger[1]) im Namen der
Städte. Im Namen aller führte der badische Kanzler Hieronymus Vehus das Wort. Die Verhandlung fand in der Wohnung des Erzbischofs von Trier am 24. April statt[2]). Eine
Disputation sollte indes nicht erfolgen. Luther teilte seine
Schriften in drei Klassen und wiederholte seine Forderung,
ihn eines Irrtums zu überführen entweder aus der h. Schrift
oder durch vernünftige Gründe. Hiergegen führte man zwei
Gegenzeugnisse an, das der Kirche und das des eigenen Ge-
wissens[3]). Bezüglich des ersten Zeugnisses ward auf die Beschlüsse und Satzungen der Concilien Gewicht gelegt. Ihre
Autorität werde ihnen nicht durch evangelische Satzungen
benommen. Auch hätten dieselben „nicht contraria", sondern höchstens „diversa" vorgeschrieben, „je nach Gelegenheit
und Notdurft jederzeit der Christen Ordnungen, Abordnungen
und Erweiterungen getroffen", ähnlich wie es sich mit den
Reichsverordnungen, welche der Zeitlage entsprächen, ver-
hielte[4]). Wenn endlich das nicht bei ihm verfinge, so möge
er bedenken: das Evangelium sage, dass Kaiphas als Hohe-
priester jenes Jahres weissagte, er gleichsam nur ein Bi-
schof, wie viel mehr müsse man zugeben, dass ein im Namen Christi versammeltes Concil, das die gesammte Kirche
repräsentiere, heilsame, gute, nützliche und erspriessliche
Ordnungen stifte zur Ehre Gottes und zum Heile der Men-

---

[1]) und (nach Cochlaeus a. a. O. S. 34 u. opp. var. arg.
VI, 16) Graf Georg von Wertheim.

[2]) Aleander bei Balan S. 195 = Brieger S. 160 (v. 27. April).
Dass man den Kurfürsten von Trier, Richard v. Greifenklau zu
dieser Verhandlung ausersehen, der dem Kurfürsten von Sachsen
persönlich nahe stand, (Kolde, Luthers Stellung S. 107) ist ein Zu-
rückgreifen auf eine frühere Vermittlungscommission, s. o. S. 51 A. 1.
Dass man ferner eine gleichmässige Auswahl geistlicher und weltlicher
Mitglieder der Commission traf und vor allem einen Laien zum Wort-
führer wählte, ist gewiss auch als eine Art von Zugeständnis anzusehen. Vgl. Kolde a. a. O.

[3]) Die Verhandlung giebt ihrem Inhalt nach ausführlich wieder Kolde, Luthers Stellung S. 107 ff.

[4]) Hier zeigt sich Cochlaeus S. 35 sehr gut unterrichtet
auch bezüglich der Ausdrücke.

schen. Zweitens aber belehre ihn sein eigenes Gewissen, dass
man nicht auf seinen eigenen Verstand bauen, sondern, wie
der h. Bernhard sage, der Meinung eines anderen mehr zugeben solle als eigenem Gutdünken. Sodann möge er das
Aergernis, dass schon vielfach aus seinen Schriften erwachsen
sei, zu vermeiden suchen; besonderen Anstoss habe er erregt
durch seine Schrift „de libertate" und in den Schriften, in
denen er die Obrigkeit mit „etwas unmässiger Bescheidenheit" angetastet habe. Dann auch solle er bedenken, wenn
er auf seiner Lehre beharre, würde er selbst die Ursache
sein, dass die guten Früchte seiner Schriften „von den
zehn Geboten", „den guten Werken", „von der dreifa-
chen Gerechtigkeit" etc. in denen auf etliche Misbräuche
in der Kirche die Aufmerksamkeit gelenkt sei, verloren
gingen. Luther solle mehr die Ehre Gottes und das Heil
der Seele vor Augen halten als auf seiner eigenwilligen Meinung verharren und bedenken, welcher Schaden und welche
Gefahr bei seinem Beharren, welcher Nutzen und Vorteil
für ihn und andere entstehen würde, wenn er von seinen
Irrungen ablasse. Er solle daher seine Schriften und Lehren
zur Erwägung und zum Entscheid des Kaisers und der Stände
stellen und bei deren Entscheidung bleiben.

Welch verschiedene Art der Verhandlung! In Worten
der Ermahnung bewegt sie sich, die Luthers eigene An-
schauungen und Lehren von der günstigen Seite beleuchten,
die Schroffheit seiner letzten Schriften kaum berühren, und
seine Verdienste anerkennen [1]), die Autorität der Concilien
durch angemessene und richtige Gründe verfechten und ihn
auf Bernhard, für den Luther eine besondere Verehrung hegte,
hinweisen [2]). Nach einiger Erwägung sprach Luther seinen
Dank aus für die gütige Ermahnung, welche er nicht ver-

---

[1]) ähnlich wie Glapion in der Verhandlung mit Brück die
Anfänge seines Schreibens lobend hervorhebt.

[2]) Luther selbst erkennt später an, dass, wäre dieser Vehus
an Ecks Stelle Leiter der Verhandlung am Reichstage gewesen, ein
Vergleich wohl zu Stande gekommen wäre. Vgl. Luthers Aeusserung bei Vehus, mitget. in der Zeitschr. f. hist. Theol. S. 94: so be-
scheidner gütiger Mass wäre noch nie mit ihm gehandelt worden.

dient habe und antwortete, dass er durchaus nicht alle Concilien verwerfe, sondern nur das von Constanz, weil es Gottes Wort verdammt habe [1]). Dies könne er nicht widerrufen, und auch der Obrigkeit will Luther in Gehorsam dienen, sofern er dadurch nicht in Widerspruch mit Gottes Wort gerate.

Vehus ermahnte Luther nochmals, doch nicht auf seiner Meinung in irrigen Punkten zu verharren. Dann schied man von einander. Vehus begab sich auf das Rathaus, um Bericht zu erstatten. Unterwegs holte ihn Peutinger ein und meldete, dass Hieronymus Schurf, der bei der Verhandlung zugegen gewesen sei, ihm angezeigt, es wäre nach seinem Bedünken in der Sache wohl Rat zu finden. Luther wolle seine Schriften zur Erkenntnis des Kaisers und der Reichsstände stellen, wofern nicht gegen die evangelische Lehre und das Wort Gottes gehandelt würde [2]).

Unterdessen versuchte der Kurfürst von Trier noch einmal im Beisein seines Officialen Eck und des Cochlaeus und auf Seiten Luthers des Schurf und Amsdorf auf Luther einzuwirken, indem der Official darauf hinwies, dass alle Ketzereien aus der h. Schrift entstanden wären. Diese Einwirkungen, sowie auch die Einwendungen des Cochlaeus, der nach Spalatins Bericht (bei Förstemann S. 72) sich von allen am „unschicklichsten, neidischsten und feindseligsten" gegen Luther benommen und ihm zugemutet habe, er solle das Geleit aufgeben, fruchteten nichts [3]).

---

[1]) nach Aleanders Bericht, Balan S. 196 = Brieger S. 162 (v. 27. April) in dem folgenden Versuche des Erzbischofes von Trier zur Sprache gebracht. Aleander scheint wohl die Verhandlung nicht genauer gekannt zu haben, wie auch sein Bericht über den Inhalt beweist.

[2]) In den Acta et res gestae („A') u. opp. var. arg. VI finden sich in der Darstellung der ersten Verhandlungen einige Verschiebungen des Ganges derselben. Solche Punkte mag wohl Vehus mit im Auge gehabt haben, als er die unrichtige Darstellung des Verfassers der Acta in seinem Berichte tadelte.

[3]) Das Privatgespräch des Cochlaeus mit Luther ward von Cochlaeus (hist. S. 37) in einer besonderen Schrift behandelt, Otto, österr. Vierteljahrsschrift (theol.) 1866 S. 83 ff. Die Schrift hatte den Titel: „Cochlaei colloquium cum Luthero Wormatiae olim habitum"

Der badische Kanzler Vehus machte im Reichstage über die Verhandlung Mitteilung und erlangte, jedenfalls unter Hinweis der Aussicht auf wirkliche Vereinigung durch Schurfs Eröffnung, für Luther noch zwei Tage Frist, sich in Worms aufzuhalten.

Vehus und Peutinger nahmen am 25. April die Verhandlung mit Luther wieder auf [1]). Sie schlugen vor d. h. kamen darauf zurück, Luther solle seine Schriften zur Erwägung und Erkenntnis des Kaisers und der Stände des Reiches stellen und bei ihrer Entscheidung bleiben. Luther antwortete, dass das Wort Gottes frei sein müsse und nicht menschlichem Urteile vertraut werden dürfe. Ohne die Bedingung, dass das Wort Gottes und die evangelische Wahrheit nicht geschmälert würden, könne er sich menschlichem Urteile nicht unterwerfen, wolle es aber unter der angegebenen Bedingung thun. Dann auch könne er kein Zutrauen haben zu denen, die seine Schriften verdammt, verworfen und verbrannt hätten. Die Abgesandten versicherten ihm, dass selbstverständlich von Seiten des Reiches nur nach Christenpflicht und gemäss den göttlichen Geboten beschlossen und seine Schriften unverdächtigen Personen vorgelegt werden sollten [2]). Wie früher, so betonte man auch hier wieder Luthers Verdienste und die guten Früchte seiner Schriften [3]); es läge die Besorgnis nahe, dass der Teufel die guten Erfolge verhindere.

Sie stellten dann aber die Forderung, Luther solle unbedingt seine Schriften dem Kaiser und den Ständen unterstellen. Luther antwortete, er habe nichts anderes als die Ehre Gottes, die evangelische Wahrheit und das Heil der Menschen durch seine Schriften erstrebt, er wolle daher unter

---

(Moguntiae 1540, nach Janssen, Gesch. des d. Volkes II, 164 A. 3).
Die Schrift selbst ist mir nicht zugänglich gewesen.

[1]) Hiervon berichtet Aleander nichts.

[2]) Das erinnert an den Ratschlag des Erasmus, s. o. S. 8.

[3]) Die rechten Fünklein evangelischer Lehre seien durch ihn in gutem Masse an den Tag gebracht; ebenso erkannte man an, dass er der Haltung göttlicher Gebote vor menschlichen Satzungen zu ihrem Rechte verholfen, sein Vorgehen gegen das Ablasswesen und die Unordnung des römischen geistlichen Wesens und dass er vieler Menschen Herzen in gutem Geiste bewegt habe.

der ausgesprochenen Bedingung den Vorschlag annehmen. Luther erbat sich Bedenkzeit bis nach Mittag, um mit sich und anderen zu Rate zu gehen, was ihm auch gewährt wurde [1]). Nach Mittag wiederholte Luther seine gegebene Antwort klar und mit ziemlicher Bescheidenheit. Darauf schlugen die Deputierten ihm vor, seine Schriften zur Erkenntnis eines zukünftigen Concils zu stellen, was Luther mit dem Zusatz annahm, dass das Concil nicht weit hinausgeschoben werde; die Artikel, welche man für irrig halte und worüber das Concil erkennen sollte, möchten aufgezeichnet und ihm übergeben werden. Dies wollten sie berichten, erklärten die Abgesandten, doch sollte unterdessen, bezüglich der aufgezeichneten Artikel Luther mit Lehren, Schreiben und Predigen still stehen. Hierin willigte Luther ein, wenn ihm sonst nicht benommen würde, das Wort Gottes und die h. Schrift in Schrift und Predigt verkündigen zu können.

Vehus und Peutinger erstatteten hierüber beim Trierer Erzbischofe Bericht. Letzterer, welcher die Entscheidung durch ein Concil für den richtigen und bequemsten Weg erachtete, beschied Luther noch einmal zu sich, um endgültig die Verhandlungen abzuschliessen und dann den Kaiser davon in Kenntnis zu setzen [2]).

Ueber das nun folgende Geheimgespräch des Erzbischofs von Trier mit Luther erfahren wir gerade aus Aleanders Bericht detaillierte Einzelheiten [3]). Der Erzbischof ermahnte Luther zum Widerruf und versprach ihm, falls er aus Furcht vor den Seinigen den Widerruf scheue, ein gutes Priorat in der Nähe eines seiner Schlösser geben und ihn bei sich an

---

[1]) Nach opp. var. arg. VI, 20 dringen Vehus und Peutinger in ihn, sich bis nach Mittag eines besseren zu besinnen.

[2]) Von der Bemerkung in Vehus' Bericht a. a. O. S. 98, dass in den Acta et res gestae, zu deren Berichtigung er seine Mitteilung machte, verlautet: er (Vehus) und Peutinger hätten dem Erzbischofe von Luther gemeldet, was man nicht gedacht und neben dem Druck (in ,A' S. 21) den Ausruf beigefügt „o inquam delationem", ist in dem Berichte opp. var. arg. VI nichts zu ersehen.

[3]) Bei Balan S. 197 f. = Brieger S. 164 f. (v. 27. April), wohingegen er über die Verhandlungen vom 24. u. 25. April, wie bemerkt, nicht genau informiert zu sein scheint.

seinem Tische und in seinem Rate halten zu wollen. Dabei
solle Luther unter dem Schutze des Kaisers und dem des
Erzbischofs selbst und in der päpstlichen Gnade stehen.
Luther sagte auf alles: Nein. Darauf machte der Erzbischof
Luther vier Bedingungsvorschläge. 1) Luther solle sich dem
Urteile des Kaisers und des Papstes zugleich unterwerfen (kein
gutes Anerbieten, sagt Aleander), 2) beim Urteile des Kaisers
stehen bleiben, das dann jedoch dem Urteilsspruche des Papstes
überwiesen werden sollte (noch schlechter), 3) dem Urteile des
Kaisers und der Stände sich unterwerfen (ein teuflisches und
ganz nichtswürdiges Anerbieten), 4) Luther solle für jetzt
einige der ungeheuerlichsten Punkte widerrufen und sich
im übrigen einem zukünftigen Concile unterwerfen (unserer
Sache unwürdig und ganz und gar nicht förderlich). Man
sieht, die Bedingungen waren immer mässiger gestellt, so
dass eine Annahme nahe gelegen hätte; Luther wies sie indessen als verdächtig znrück[1]).
    So schlossen die Verhandlungen mit Luther, die zu
keinem Resultate führten. Der Kaiser liess ihm daher mitteilen, dass mit dem morgigen Tage (26. April) die Frist
für seinen Aufenthalt in Worms abgelaufen sei, und er unter
dem Schutze des Geleites innerhalb zwanzig Tagen freie
Rückkehr habe.
    Ueber den Verlauf der folgenden neuen Beratungen,
die Entstehung und Publikation des Wormser Ediktes geben
die Aleander'schen Depeschen genügenden Aufschluss[2]). Am

---

[1]) Dass es mit den gemachten Bedingungen nicht Ernst gewesen, wie Aleander glauben will, ist nicht anzunehmen, da ja schon
vorher fast die nämlichen Bedingungen gestellt waren. Dieselben waren, wie es scheint, vorher der Beratung unterzogen worden. Eine folgende Notiz (Balan S. 198 = Brieger S. 165 v. 27. April) der
Glapion'schen Aussage, dass, wenn Luther die verurteilten Stücke
und die offenbaren Irrtümer widerrufen wolle, sich im übrigen
würde ein Mittel finden lassen, die Sache bis zur Berufung des
künftigen Concils mit Stillschweigen zu begraben, legt uns dieses
ebenfalls nahe, s. Brieger, Neue Mitteil. S. 10 f.
    [2]) S. hierüber die eingehende Darstellung bei Brieger, Neue
Mitteil. S. 12 ff.

30. April[1]) begehrte der Kaiser nochmals den Rat der Stände, wie gegen Luther verfahren werden solle. Die Fürsten waren nicht sehr verschiedener Meinung. Nachdem die Stände erklärt hatten, sich dem kaiserlichen Vorgehen gegen Luther anschliessen zu wollen, übertrug der Kaiser Aleander die Abfassung des Mandates, welches letzterer am nächsten Morgen dem Kaiser und seinem geheimen Rate (d. h. dem kaiserlichen Cabinet) vorlegte. Dasselbe sollte noch der Begutachtung des geheimen Staatsrates unterbreitet werden [2]). Auf Betreiben Aleanders geschieht dies nicht. Jedoch wollte der Kaiser vor Publikation des Ediktes dasselbe noch den Reichsständen vorlegen, um zu dokumentieren, dass er im Verfolg der gemeinsam gefassten Beschlüsse dieses Edikt abgefasst habe und seinen Erlass wolle. Dies suchten die Nuntien zu hintertreiben [3]).

Dazu fiel nicht unbedeutend in die Wagschale, dass der Reichstag über die Unterstützung des Kaisers bei seinem Römerzuge in Unterhandlung begriffen war, und der Kaiser durch die Publikation des Ediktes wohl einen günstigen Beschluss bezüglich des Römerzuges erlangen wollte [4]). Endlich am 26. Mai berichtet Aleander[5]) freudetrunken, dass er am Ziele seiner rastlosen Bemühungen angelangt sei, indem er das vom Kaiser unterzeichnete Edikt in Händen habe. Er ergeht sich bei der Gelegenheit in grossen Lobeserhebungen

---

[1]) Waltz S. 39.

[2]) Balan S. 206 = Brieger S. 178 f. Die Uebertragung des Ediktes in's Deutsche wurde ebenfalls beeilt. Vgl. Balan S. 224 = Brieger S. 192.

[3]) Aleander ergeht sich in Vermutungen über die Verzögerung und glaubt dieselbe sei in dem Verdachte des geheimen Einverständnisses des Papstes mit Frankreich begründet, oder dieselbe erfolge, um abzuwarten bis einige Reichsstände, insbesondere der Kurfürst von Sachsen abgereist seien. Balan S. 242. 232 = Brieger S. 206. 215.

[4]) Nach den Depeschen bei Balan S. 205 ff. (N. 80), S. 224 ff. (N. 89), S. 240 ff. (N. 95) = Brieger S. 178 ff. (N. 27) (v. 5. Mai), S. 191 (N. 29) (v. 8 Mai), S. 203 ff. (N. 31) (v. 15. Mai). Nebenbei sei bemerkt, dass ich mich in der Datierung an Brieger angeschlossen habe. Vgl. indessen Baumgarten S. 485 Anm.

[5]) Balan S. 248 ff. = Brieger S. 220 ff. (v. 26. Mai).

des Kaisers, ist mit dem Verfahren des Kaisers ausgesöhnt
und zollt ihm alle Anerkennung [1]).

Das Edikt [2]) bestand aus zwei Teilen [3]) und war vom
8. Mai datiert [4]).   Es ward Luther mit dem Ablauf des
freien Geleites als ein von der Kirche Gottes abgetrenntes
Glied, als ein offenbarer Ketzer in die Acht und Aberacht
erklärt, die Vernichtung seiner sämmtlichen Schriften anbe-
fohlen, und für die Presse die strengste geistliche Censur angeordnet. Die gleiche Strafe sollte auch alle seine Gönner
und Anhänger treffen.

Durch das Wormser Edikt waren die Lehren Luthers
mit ihren populären und neuernden Tendenzen verworfen und
ihre Vernichtung auch für das deutsche Reich befohlen. Das
Edikt ward jedoch beobachtet oder verachtet, je nach der
Stellung, welche die einzelnen Landesfürsten zu Luthers
Lehre annahmen oder bereits eingehalten hatten.

[1]) Die Depesche bezeugt, dass das Verfahren des Kaisers schon
hier eine ganz selbständige Politik verfolgt habe, in grösserem Masse,
als man bisher anzunehmen gewohnt war. S. Brieger, Neue Mitt.
S. 18 f. — Ueber Luthers Gefangennahme s. die Darstellung aus
Aleanders Bericht, ebendas. S. 15 ff.

[2]) Waloh, Luthers W. XV, 2264 ff.

[3]) Balan S. 228 f. = Brieger S. 198 (vor 8. Mai).

[4]) Man vgl. Brieger S. 192 A. 6. Neudecker, Urkunden
aus der Reformationszeit S. 3 A. 1. Die Einleitung zum Edikte
(v. 26. Mai) mitget. ebend. S. 2 f. = Balan S. 213 f. (N. 81).

Exkurs I.

(Zu S. 20 A. 4.)

Aleanders Rede vom 13. Februar.

Von der Rede des päpstlichen Nuntius Aleander, welche dieser auf Geheiss des Kaisers am 13. Februar im Reichstage hielt, besitzen wir merkwürdiger Weise nur eine ausführliche Aufzeichnung von sächsischer Seite (abgedr. bei Förstemann, Neues Urkundenb. S. 30—35 N. 4). Von dieser geschieht im Aleander'schen Berichte bei Balan S. 57 = Brieger S. 62 (v. 14. Febr.) Erwähnung. Hiernach machten mehrere sächsische Sekretäre während der Rede Aufzeichnungen. Wir dürfen annehmen, dass der bei Förstemann a. a. O. abgedruckte Bericht Brücks auf den Aufzeichnungen der sächsischen Sekretäre beruht, wofür es an Analogien für diese Zeit wohl nicht fehlen dürfte. Anders erklärt sich Kolde, Luthers Stellung S. 96 A. 1, der die Brück'sche Aufzeichnung für die möglichst wörtliche Wiedergabe der Rede Aleanders hält. Wie hätte eine lateinische Aufzeichnung Brück zur Uebersetzung vorliegen können? Die von Aleander selbst angefertigte? Wir wissen von einer solchen nichts. Es könnte eine während der Rede aufgenommene lateinische Aufzeichnung sein, während es doch näher liegt, an eine Zusammenfassung der wirklich gemachten sächsischen Aufzeichnungen zu denken. Ueberdies kommt noch in Betracht, dass Aleander denselben Gegenstand, wie schon erwähnt, bei früherer Gelegenheit im deutschen Rate besprochen und hiervon ausführlichere Mitteilungen eingesandt hatte. Dieselben Punkte sind so zu sagen in der Rede vom 13. Februar ganz verwertet und sind zum teil ausführlicher als die Punkte, wie sie uns in der Aufzeichnung Brücks vorliegen. Vgl. zu Balan S. 56. S. 26. 135 f. = Brieger S. 61 (v. 14. Febr.), S. 20 f. 35 f. Bedauern können wir

nur, dass der (ausführlichere) Bericht des Collegen Caracciolo
vgl. Balan S. 82 nicht vorliegt (wie wir auch sonst keine
Berichte von ihm kennen). Aleanders eigene kurze Inhaltsangabe seiner Rede bei Balan S. 56 f. = Brieger S. 61 f.
(v. 14. Febr.) enthält der Hauptsache nach den Inhalt der
sächsischen Aufzeichnung, einzelne Differenzen aber lassen
sich nicht leugnen. Nicht mit einer Silbe ist der Hinweis
auf Karl den Grossen und die Ottonen, die durch ihre Freund-
schaft zum Papsttum das deutsche Kaisertum und Kurfürsten-
tum vom Papste erhalten hätten (Balan S. 56 f.) in der
bei Förstemann vorliegenden Aufzeichnung berührt. Man
vgl. darüber Kolde, Luthers Stellung S. 96 f., Friedrich der
Weise S. 23 A. 2. Andererseits leugnet Aleander gegen
sächsische Aussagen, dass er in der Rede vom Kurfürsten Friedrich in gehässiger Weise gesprochen habe. Wohl
würde er, wenn der Kurfürst zugegen gewesen wäre, mit
aller Bescheidenheit und mit allem Anstande ein wenig
auf ihn „eingebissen" haben, da der Kaiser, Chièvres und der
Erzbischof von Mainz erklärt hatten, er möge sich nicht
fürchten, alles vorzubringen, was zu seinem Zwecke dienlich sei,
und dieses habe er auch gethan, Balan S. 57 = Brieger
S. 62. Wirklich finden wir in der sächsischen Aufzeichnung
bei Förstemann S. 32 die Kölner Affaire von Anfang Nov.
berührt, was wir nach Aleander nicht als sächsische Fiktion,
sondern als Faktum auffassen müssen, zumal sich Aleander
auch sonst nicht enthalten kann, bei jeder Gelegenheit dem
sächsischen Kurfürsten Vorwürfe zu machen. — Erwähnt
wird in der sächsischen Aufzeichnung das Florentiner Concil
(1439), auf welches sich Aleander beruft, Förstemann
S. 33. Auf dasselbe hatte er sich schon Mitte Dezember
1520 in Worms vor dem deutschen Rate bezogen und sich
gerühmt, in Worms selbst die Bulle des genannten Concils
gefunden zu haben. Sollte Luther dies bekannt geworden
sein und ihn veranlasst haben, dieses Schriftstück publicieren
zu wollen? In einem Schreiben vom Februar 1521 hören wir,
dass er an die Herausgabe einer Schrift mit dem Titel „Con-
cilium Florentinum" denkt, Balan S. 135, Luthers Briefe
von de Wette I, 559 (v. 17 (16.?) Febr.).

Exkurs II.

(Zu S. 42 A. 3.)

Der 18. April 1521 (und Luthers Schlussworte).

A. Die einzelnen Berichte.

Ueber den berühmten Tag, an welchem Luther vor
Kaiser und Reich der Ueberzeugung von der Wahrheit seiner
Lehre Ausdruck zu geben Gelegenheit hatte, besitzen wir eine
reiche Zahl zeitgenössischer Berichte. Unter ihnen haben
wir zwischen solchen, die sich in der Wiedergabe der Einzelheiten genau an den Gang der Verhandlung halten und
solchen, welche nur ganz im allgemeinen den Inhalt der Verhandlung wiedergeben, zu unterscheiden. Ausserdem ist ein
besonderes Gewicht auf die Frage nach den Original- und
den abgeleiteten Quellen zu legen.

1) An erster Stelle haben wir zu verzeichnen die Acta
comparitionis Lutheri in diaeta Wormationsi, aus
den Wormser Acta, bekannt durch die Publikation Balans
(monum. ref. Luth. 1884 S. 175 ff.). Bereits Burkhardt
(theol. Stud. u. Krit. 1869 S. 518 f.) gab der Ueberzeugung
von der entscheidenden Bedeutung dieser im Vatikan befind-
lichen Acta Ausdruck, zu seinem Bedauern aber ward ihm
der Wunsch nicht erfüllt, von denselben Kenntnis nehmen
und Nutzen ziehen zu dürfen. Zur Charakteristik dieser
Acta entnehmen wir aus Aleanders Bericht (bei Balan S. 225
= Brieger S. 193 f. v. 8. Mai) Folgendes ... „sum nunc
occupatissimus in colligendis actis istius haeresiarchae et del
exame suo, perchè besogna farli imprimer cum nota authentica del notario per causa del popolo, el quale è alquanto
concitato per li acti, li quali Martino ha scritto a suo modo
senza la resposta dell' official Treverense. Ma facci et scrivi
Luther, quanto el vole" .... Aleander selbst hat also diese

Acta gesammelt, welche mit der „nota authentica" des „notarius" versehen waren. Der Bericht lässt es uns klar erkennen, dass dieser „notarius" kein anderer als der Trierer Official Eck selbst war, derselbe, der die Verhandlungen geleitet hatte. Der „notarius" der Aufschrift Balan S. 175 wird S. 180 „orator imperii" und ebendas. „praefatus notarius", S. 183 u. 177 „memoratus notarius" genannt. Demnach müssen wir in den Acta bei Balan als Grundstock die schriftliche Aufzeichnung Ecks sehen, die in die vorliegende Redaktion durch Aleander eingefügt ist. Hier finden wir auch, was wir vorher vermissten: die ausführliche Entgegnung Ecks auf Luthers Rede, eine Entgegnung, welche sich streng an Luthers Disposition seiner Rede und an die Ausdrücke hält. In inhaltlicher Wiedergabe finden wir die Entgegnung Ecks bei Aleander (Balan S. 187 = Brieger S. 152 f. v. 19. April), im sog. Spengler'schen Berichte (bei Förstemann S. 74), in den Berichten Fürstenbergs (bei Steitz S. 49 f.), Peutingers (bei Kolde, Analecta S. 30) mit einer kleinen Verschiebung und noch etwas anders in einem Drucke ‚A', vgl. Köstlin, Luthers Rede, (Hall. Prgr.) S. 25 ff. S. 13. 33. Köstlin vermutete schon aus Spenglers Bericht, dass die Entgegnung Ecks ausführlicher gewesen, als man aus jenem von Spalatin geschriebenen, von Luther selbst stammenden (?) Berichte hätte annehmen mögen.

In diesen Acta bei Balan also haben wir eine vollständige Aufzeichnung der Verhandlung, die uns nichts vermissen lässt, die sogar Luthers Rede und Ecks Entgegnung sowohl in inhaltlicher Zusammenfassung als in wörtlicher Wiedergabe enthält. Dieser Bericht ist ferner im unmittelbaren Anschluss an die Verhandlungen von Eck aufgezeichnet. Daraus ergiebt sich von selbst, dass wir diesen Bericht in erster Linie beachten müssen.

2) Den Acta bei Balan stellen wir die Acta et res gestae D. Martini Lutheri in Comitiis Principum Wormatiae a° 1521, 4⁰ (Luth. opp. varii argum. VI, 5 ff.) gegenüber. Sie erschienen vor dem 8. Mai d. J. Bei Burkhardt ist dieser Druck mit ‚A' bezeichnet (theol. Stud. u. Krit. 1869 S. 519). Diese Acta et res gestae werden in der

oben angezogenen Stelle (Balan S. 225 = Brieger S. 193 f.) dahin gekennzeichnet, dass sie die Antwort des Officialen Eck auslassen, und dass Luther ferner auf seine Weise diese Acta abgefasst habe. Daher sah Aleander sich veranlasst, die Wormser Acta zu fixieren; ebenso nahm in Bezug auf die Verhandlungen nach dem 18. April auch Vehus Anlass, seinen Bericht abzufassen (Zeitschr. f. hist. Theol. 1851 S. 83 f.). Auch Cochlaeus (commentaria de actis et scriptis Lutheri Mog. 1549 S. 32) polemisiert in ähnlicher Weise gegen diese Luther'schen Acta. Während nun aber sowohl Aleander als Cochlaeus die Autorschaft dieser Acta Luther zuschreiben, bezeichnet Vehus den Autor als den „unbekannten Dichter". Der Bericht liegt mir in einem Exemplar der hiesigen (Bonner) Univ.-Bibliothek vor, dem der sog. Bericht „G" beigefügt ist. Bekannte und unbekannte Abweichungen zwischen ‚A' und den „opp." (nach Köstlins Bezeichnung) werden wir zu berücksichtigen haben. Auf dem Berichte ‚A' wird auch die geänderte Darstellung in Luthers Werken fussen (Burkhardt a. a. O. S. 519).

3) Spalatins Bericht (bei Förstemann, N. Urkundenb. S. 68—72) enthält zuerst eine allgemein inhaltliche Darstellung. Daran schliesst sich S. 69: „Nota Hie folgeth die verteutscht red Doktoris Martini vor kay. Mayt. des berurten Dornstags bescheen." Die Rede in wörtlicher Wiedergabe S. 69—71 ist eine Uebersetzung der lateinischen Rede. Der Förstemann'sche Abdruck zeigt am Schlusse eine Lücke, die nach gütiger Mitteilung von Dr. Brandis in dem Berichte des Weimarer Archivs nicht vorhanden ist. Förstemann hat nämlich bei der Abschrift zwei Innenseiten übersehen (vgl. Köstlin, Luthers Rede S. 8. o!). Eine Veröffentlichung des ganzen Berichtes steht jedenfalls in Aussicht. Daran schliesst sich wieder eine Inhaltsangabe mit Uebergehung der längeren Entgegnung Ecks, dann wörtlich die Erklärung Luthers; es folgen alsdann die Vorgänge nach dem 18. April. Dieser Uebersetzung mag Luthers eigene Aufzeichnung zu Grunde gelegen haben. Indes bei Vergleichung im Ausdruck ergiebt sich mit ziemlicher Wahrscheinlichkeit, dass diese Uebertragung der Lutherischen Rede aus einer lateinischen Fassung gemacht ist,

welche weder mit dem Balan'schen noch mit dem Texte in den acta et res gestae („A') vollkommen identisch ist. Es muss also diese Relation Spalatins als eine unabhängige dritte Quelle gelten, die stellvertretend für den zu Grunde gelegten lateinischen Text eintritt.

4) Spenglers Bericht (bei Förstemann S. 72—74) in indirekter Wiedergabe des Inhalts sowohl · der Rede Luthers als auch der ausführlichen Entgegnung Ecks.

5) Fürstenbergs Bericht (bei Steitz, Melanchthon- und Luther-Herbergen im Frankfurter Neujahrsbl. 1861 S. 48 f.), inhaltliche Wiedergabe. Der Bericht ist vom 19. April.

6) Aleanders Bericht (Balan S. 186 f. = Brieger S. 151 ff. v. 19. April) inhaltlich, teilweise ungenau.

7) Peutingers Bericht (bei Kolde, analecta Luthe- rana S. 28 ff. c. 19. April, vielleicht etwas später abgefasst), summarische Wiedergabe.

8) Krels Bericht (mitget. in den Forsch. z. d. Gesch. XI, 636 v. 30. April), kurze Inhaltsangabe.

Dazu kommen die Berichte bei Cochlaeus, comm. de actis et scriptis Lutheri (Mog. 1549) S. 33 f. bei Spala- tini ann. S. 41 u. a. Einen durch genaue, knappe Darstel- lung sich auszeichnenden Bericht der Wormser Vorgänge be- sitzen wir noch in einem Schreiben des Alfons Valdes an Petrus Martyr im op. epp. P. Martyris S. 411 f. (v. 13. Mai).

Von den genannten 8 Berichten wird sich mit Bestimmt- heit sagen lassen, dass sie von einander unabhängige, selb- ständige Originalrelationen sind; auf ihnen hat die Erzäh- lung über den 18. April zu beruhen.

Anders werden wir von der grossen Zahl von Flug- schriften jener Tage urteilen müssen (im einzelnen bei Köst- lin, Luthers Rede S. 17 ff. behandelt). Von diesen lässt sich bei keiner bestimmt nachweisen, dass sie eine selbstän- dige urkundliche Geltung habe. Sie lassen sich auf die eine oder andere der aufgeführten Hauptrelationen zurückführen, die sie mittelbar oder unmittelbar benutzten. Ihr Wert ist daher von sehr untergeordneter Bedeutung.

B. Gang der Verhandlung nach den originalen Berichten.

Die Verhandlung am 18. April zerfällt nach den Berichten in 5 Abschnitte oder Phasen.

1) **Ecks Anrede** (lat. u. deutsch) Balan S. 177, Bericht ‚A' opp. var. arg. VI, 8 f. Spalatin bei Förstemann übergeht sie. Spengler bei Förstemann S. 72. Fürstenberg bei Steitz S. 49. Aleander bei Balan S. 186 = Brieger S. 151 f. Peutinger bei Kolde, analecta S. 28 f. Krel in den Forsch. z. d. G. XI. 636.

2) **Luthers Rede** (lat. u. deutsch nach Spalatin bei Förstem. S. 69, A. Valdes. P. Martyri op. epp. S. 412, nach Krel a. a. O. S. 636 „zuerst in teutsch und nachmals in latein". Dies ist sicher eine Verwechslung mit dem 17. April). Wörtlich finden wir die lateinische Rede bei Balan S. 177 ff. mit vorausgeschickter Inhaltsangabe, in ‚A' und in den opp. var. arg. S. 9 ff. mit Abweichungen im formalen Ausdruck, in deutscher Uebertragung durch Spalatin (bei Förstemann S. 68 ff. mit Uebergehung des Schlusses).

Die anderen Berichte geben nur den Inhalt wieder. Eine eigenhändige, doch unvollständige Niederschrift Dr. Luthers über sein Verhör auf dem Reichstage zu Worms teilt Burkhardt, Luthers Briefwechsel S. 39 f. mit (offenbar vom 17. April). Hier heisst es, Luther solle seine Antwort mündlich geben. Man vgl. opp. var. arg. VI, 8: „ea conditione, ne scriptam sententiam tuam proponas, sed verbis exsequaris." Das bei Burkhardt mitgeteilte Schriftstück ist ein Entwurfsversuch. Luther hatte am 18. April ein Concept seiner Rede; Balan S. 177 heisst es: „responsionem" (Lutheri) „cum dudum preconceperit et in scriptis redegerit eiusque michi copia facta sit, ad verbum huic instrumento inserendam duxi." Zudem sehen wir Eck in seiner Entgegnung sich möglichst genau an den Wortlaut von Luthers Rede halten (Balan S. 180 f.), was sich bei der Vorlage auch der schriftlichen Rede erklären lässt. Die Rede lag also bis zum „Dixi" von Luther vorher ausgearbeitet vor, und auch wir besitzen sie im Drucke hinreichend authentisch. (Knaake in der Ztschr. f. luther. Theol. 1870 S. 86.)

3) Entgegnung Ecks bei Balan S. 180 ff. Mit den Worten: „his dictis orator imp." beginnt eine allgemeine Inhaltsangabe. Durch das folgende: „quibus per Lutherum utcumque dictis praefatus notarius ad Caesareae Sacrae Maiestatis nutum ita exorsus est" wird Ecks Antwort in direkter Rede eingeleitet.

4) Luthers zweite Erklärung auf Ecks Forderung einer einfachen Antwort, wörtlich mitget. bei Balan S. 183, opp. var. arg. VI, 13 f. Spalatin bei Förstem. S. 71. Cochlaeus, comm. S. 34. Die anderen Berichte teilen sie inhaltlich oder gar nicht mit. Bezüglich der Schlussworte s. u.

5) Folgt eine kurze Wechselrede betreffs der Irrtumsfähigkeit der Concilien und zwar:

    a) Eck: Luther könne die Irrtumsfähigkeit nicht beweisen.

    b) Luther: er könne sie beweisen.

Diesen Abschnitt finden wir übereinstimmend bei Balan S. 183, Fürstenberg bei Steitz S. 50, Peutinger bei Kolde, anal. S. 30; er fehlt bei Spalatin. Eine Variation dieser Wechselrede giebt Spengler bei Förstemann S. 74, derselbe zerlegt die letzte Wechselrede in 4 Teile; ähnlich, nur noch breiter ausgeführt ist der Bericht in opp. var. arg. VI, 14 f. Sachlich aber können wir keine Verschiedenheit constatieren.

C. Teil 4 der Verhandlung:

Luthers Erklärung und die Schlussworte

„Hie steh' ich, ich kann nicht anders, Gott helff mir, Amen."

Bekanntlich hatte man bis in neuere Zeit Luthers Schlussworte auf dem Reichstage zu Worms: „Hier steh' ich, ich kann nicht anders, Gott helfe mir, Amen" in ihrer Echtheit unangezweifelt gelassen, bis Burkhardt (in den theol. Stud. u. Krit. 1869 S. 517 ff.) die Frage ihrer Echtheit anregte und untersuchte. Vgl. indes Köstlin, theol. Stud. u. Krit. 1882 S. 551 Anm. Durch Spalatins Bericht, dessen Zeugnis für ihn mit Recht als glaubwürdig feststeht, wurden in ihm die Zweifel an der Authenticität der ganzen Fassung der Worte

rege. Später hat Köstlin der Frage eine eingehende Un-
tersuchung gewidmet in einem Programm „Luthers Rede
in Worms am 18. April 1521" (Halle 1874). Er kommt zu
dem Ergebnis, dass an der Authenticität festzuhalten sei,
so auch in seinem Leben Luthers I ², 452 f. (vgl. S. 800 f. zu
S. 453, woselbst die einschlägige Litteratur angegeben ist).
Köstlin hat es jedoch nicht vermocht, die Frage mit end-
gültiger Evidenz zur allgemeinen Ueberzeugung zu bringen.
Bis jetzt sind die Ansichten teils für, teils gegen die Annahme der Glaubwürdigkeit. Schon ist von Knaake und
Waltz darauf hingewiesen worden, dass Köstlins Erörterung nicht frei von Gebrechen ist. Die folgenden Ausfüh-
rungen suchen durch Heranziehung des von Balan publicierten neuen Materials die Lösung der Controverse zu fördern.

Bereits ist darauf hingewiesen worden, dass ein besonderes Gewicht auf die Berichte der anwesenden Augenzeugen
zu legen ist; ferner dass, wenn es sich um die Glaubwürdigkeit einzelner Worte handelt, solche Berichte, die sich bestreben, den Gang der Verhandlung nach ihrem Wortlaute
wiederzugeben vor denen, die nur im allgemeinen den Inhalt
berichten, den Vorzug verdienen. Es kommen daher in
erster Linie nur die Acta bei Balan, der Bericht ‚A' und
Spalatins Aufzeichnung in Betracht.

a) Als Haupturkunde bezeichnete auch Köstlin, Luthers Rede S. 8, jene Aufzeichnung Spalatins bei Förstemann, legte aber in seiner weiteren Erörterung auf sie als
Haupturkunde nicht das entsprechende Gewicht.

b) Als einer der ältesten Berichte gilt ferner der von
Burkhardt mit ‚A' bezeichnete, dessen Abfassungszeit in
das Ende des April oder in den Anfang des Mai fällt.
Dieser Bericht ‚A' setzt sich (Burkhardt, theol. Stud. u.
Krit. 1869 S. 521) zusammen aus dem, was Luther auf-
zeichnete und aus dem, was ein Anderer der Quelle hinzu
gegeben. Die Quelle ‚A' berichtet (wie Spalatin) von den
Worten nur „Gott helf mir Armen, Amen" (vgl. dazu Köstlin,
L. Rede S. 26). Auf der Quelle ‚A' beruht auch die geänderte Darstellung in Luthers Werken, wie sie für viele
andere Relationen die Grundlage bildet.

c) Die Acta bei Balan endlich, aus den Wormser Acta

stammend, deren Grundstock, wie wir gesehen, eine genaue protokollarische Aufzeichnung des Trierer Officialen Eck bildet, deren uns vorliegende Gestalt aber von Aleander herrührt, verdienen die allergrösste Beachtung. Sie sind die Urquelle für alle gleichartigen Berichte. Bereits Burkhardt erkannte ihre Tragweite, wenn er vermutete, dass das vatikanische Archiv in der Frage über Luthers Schlussworte entscheidende Belehrung hätte bieten können (s. o. S. 62). Diese drei Berichte erzählen in urkundlicher Weise den Hergang der Verhandlung am 18. April. Sie bringen die principielle, entscheidende Erklärung Luthers in der authentischen Fassung, eine Erklärung, bei der man auf jedes einzelne Wort geachtet hat. Man darf mit Sicherheit annehmen, dass hier die Worte Luthers genau aufgezeichnet worden sind. Dies Stück liegt gleichsam als ein in sich abgeschlossenes Ganzes vor (vgl. Köstlin, L. Rede S. 28).

d) Die anderen Berichte von Spengler, Fürstenberg, Aleander, Peutinger, Krel, welche gleich nach dem 18. April abgefasst wurden, berichten an dieser Stelle sehr kurz; sie bestreben sich gar nicht, den genauen Wortlaut mitzuteilen, sie sind zudem nicht frei von dem Reflex des Eindruckes, den der Vorgang auf den Berichterstatter gemacht hat; sie können daher nur in zweiter Linie in Betracht kommen.

e) Was endlich die grosse Zahl von Flugschriften (im einzelnen bei Köstlin besprochen) anlangt, so lässt sich von keiner nachweisen, dass sie den Charakter eines urkundlichen Berichtes besitzt; vielmehr fussen sie auf der einen oder anderen der vorerwähnten Darstellungen, contaminieren, erklären und erweitern dieselbe. Für die Einzelheiten kann ich auf Köstlins Abhandlung verweisen. Nur einige Punkte aus seiner Schrift möchte ich hervorheben. Nach Besprechung der einzelnen Relationen und ihres Verhältnisses zu einander behandelt Köstlin die in den opp. var. arg. VI gegebene Fassung, welche die zweite Antwort Luthers (Nr. 4 der Verhandlung) mit den Worten schliesst: „Hie stehe ich, Ich kan nicht anders, Gott helff mir, Amen.“ (Köstlin S. 29.)

Ausser einzelnen unbedeutenden Wortverbesserungen erfahren wir im Eingange des Berichtes opp. var. arg. VI, 5, dass der Ort der Redaktion nicht Worms gewesen, während die acta et res gestae („A') bestimmt auf Worms hinweisen (Carolus) „prima comitia in hac urbe regia celebravit" (opp: „primum conventum Principum in ea urbe regia celebravit"). Im folgenden ist das „lacerata sunt interim et exusta a multis" in „A' von den Redaktoren der opp. specialisiert in „interim a Pontificiis varie lacerata damnata et exusta fuerunt": Die Ermahnung Ecks am 17. April, Luther solle an der Einheit der Kirche festhalten, ist in opp. weggelassen. Ferner ist opp. var. arg. VI, 7 „an illos (libros) et eorundem contenta retractare et revocare" etc. späterhin in „an vero quidquam reclamare velim" etc. verändert, worauf ich schon hingewiesen (s. o. S. 44 A. 2); Verbindung und Zusammenhang der Sätze ist in opp. hergestellt und daher sind unwesentliche Zusätze gemacht. Ein Versehen liegt wohl dem bereits (S. 42 A. 3) erwähnten „in isto ad Caesaream domum itinere" für „in iusto"... zu Grunde. Ich begnüge mich mit diesen kleinen Proben und komme auf Köstlins Abhandlung zurück. Ueber die opp. var. arg. hören wir (Köstlin S. 31), dass diese Relation einen Bericht zur Grundlage hatte, den sie nicht genau abschrieb, sondern sich eine Erklärung erlaubte, die ihr nicht gelungen sei. 'Nach zwei Stellen in Aa und „A', heisst es bei Köstlin, 'wohnte Luther zu Worms in curia Rhodiensium, ebenso nach „H' bei den „Johanser Herrn"; gesichert ist dies durch Spalatin (Annal. S. 39), wonach Luther „zum Comptur Johanniterordens" einzog. Dafür setzt opp. (p. 6. 7): „curia Crucigerorum militum seu quos vocant Teutonici ordinis". Der Bearbeiter der hier zu Grunde liegenden Ausgabe der Acta glaubte wohl „Rhodienses" erklären zu müssen und hat es selber nicht recht verstanden.' Einem solchen Berichte aber, welcher sich derartige Abweichungen von der Vorlage erlaubt, können wir auch die erfundene Erweiterung der Schlussworte zuschreiben. Genau können wir den Bericht auch nicht nennen, da er auf Luthers Rede die ausführliche Entgegnung Ecks nicht folgen lässt, sondern erst an die zweite Antwort Luthers den Inhalt in ganz allgemeiner Fassung anschliesst. Die Berichte F (G, L), von denen F sich durch

Nachlässigkeit auszeichnet (Burkhardt a. a. O. S. 531), lassen sich mit grosser Wahrscheinlichkeit auf Spalatins Aufzeichnung zurückführen. Auch Knaake (Zeitschr. f. luth. Theol. 1870 S. 85) erklärt, dass der Bericht F fehlerhaft ist. Die Fehler aber liessen erkennen, dass nicht unmittelbar Spalatins Manuscript, sondern eine Abschrift von diesem zu Grunde gelegen. Verschiedene bei Köstlin (L. Rede S. 20 f.) und an a. O. erwähnte Fehler werfen auf die Zuverlässigkeit des Autors kein günstiges Licht. Kann man aber mit Bestimmtheit Spalatins Aufzeichnung als Grundlage dieser Berichte annehmen, so ist es von vorneherein klar, dass wir den Ableitungen sowohl in F, als in anderen direkt oder indirekt auf Spalatin zurückgehenden Berichten das Original selbst vorziehen müssen, das uns ja vorliegt.

Ueber die Stellung der bestrittenen Worte und deren Fassung führt Köstlin a. a. O. S. 34 f. aus: ein klarer Beweis, dass die Worte nicht allein „Gott helff mir, Amen" lauteten, sei schon das Anhängsel „da bin ich" hinter „Gott kumm mir zu Hilf, Amen" in C (E, M, O). Peutinger hat nur: „Got kum mir zu hilf." Es sei dies eine unklare Erinnerung an wirklich gesprochene Worte, dafür träten F, Q und opp. var. arg. VI ein. Dass solche Worte von Vielen ungenau oder gar nicht gehört wurden, erkläre sich, wenn (!) sie am Schlusse des ganzen Aktes standen, vollkommen aus der Unruhe, welche nach D, R herrschte. Klar sei sodann, dass die Stellung der Worte bei F und Q und opp. var. arg. (nach Teil 4) vor der bei C den Vorzug verdiene. Diese Erörterung Köstlins ist doch sicher keine genügende Beweisführung. Es liesse sich mit denselben Worten fast das Gegentheil sagen: Die Unruhe ist dafür verantwortlich zu machen, dass Einige glaubten, mehr gehört zu haben, als gesagt wurde. Die Unruhe soll erklären, dass von vielen die weiteren Worte überhört wurden; diese Worte sollen aber gar nicht am Schlusse der Verhandlung, wo die Unruhe herrschend war, gesprochen worden sein!! Neuerdings weist Köstlin (in den theol. Stud. u. Krit. 1882 S. 551 ff. u. in der Allg. D. Biogr. XIX S. 672) darauf hin, dass in der Mehrzahl der damals gedruckten Berichte diese Worte fehlen. Da diese Berichte jedoch auf eine Quelle,

der eine Aufzeichnung von Luthers eigener Hand zu Grunde
liege, zurückgingen, so sei es noch immer fraglich, ob Luther
nicht selbst seine Worte kürzer zusammengefasst habe; in
die herrschende Ueberlieferung seien jene Worte gekommen
durch die Wormser Akten im 2. Bande der lateinischen
Werke Luthers, an deren Herausgabe Luthers Freunde, besonders Spalatin, fleissig mitgearbeitet hätten. Spalatin hat
indes in seinen annales S. 41 auch nur: „So helff mir Gott“,
denn das folgende ist nur das „revocare non possum“
vor dem Ausruf. Auch Matthesius, meint Köstlin, habe
Luther die Wormser Vorgänge schildern hören und sie in
seine Biographie Luthers aufgenommen, und demnach habe
die Kritik kein Recht, die Worte aus der Geschichte zu
streichen!

· Bei Luthers feierlicher Erklärung wird, wie schon bemerkt, alles aufmerksam gehorcht haben. Die genauen ausführlichen Berichte der Ohrenzeugen, besonders die Acta bei Balan,
der Bericht ‚A‘ und die Aufzeichnung Spalatins, haben nach der
zweiten Antwort Luthers nur die Worte: „Gott helff mir, Amen“,
während die anderen Berichte teils kurz gefasst, teils unzu-
verlässig und ungenau sind und ihrer Vorlage nicht streng
folgen. Auch Cochlaeus (hist. S. 32) hat die feierliche Erklärung mit den deutschen Schlussworten: „Gott helff
mir, Amen“ und erklärt dazu „id est: Deus adiuvet
me.“ Er polemisiert, wie er doch sonst zu verfahren pflegt,
nicht gegen einen anders lautenden Schluss.

Dass in einigen Berichten der Wortlaut umfangreicher
ist, zeigt uns, wie schnell wirklich gesprochene Worte in der
Tradition sich verändert haben und ausgeschmückt worden
sind. Die Belege aus Luthers Sprachgebrauch bei Köstlin
(L. Rede S. 34 f.) beweisen an und für sich nichts; ähnliche
Stellen können auch für den kürzeren Ausspruch beigebracht
werden, wie dies Waltz (in der Zeitschr. von Brieger II,
628) schon versucht hat.

Demnach können und dürfen wir nur die Worte „Gott
helff mir, Amen“ als wirklich gesprochene Schlussworte
der zweiten Antwort Luthers festhalten.

Lebensgang.

Ich Julius Elter, katholischer Confession, geboren am 20. Januar 1860 zu Rosbach a. d. Sieg, Sohn der noch lebenden Ludwig Elter und Sophia geb. Stein, erhielt den Elementarunterricht bei meinem Vater und wurde durch Privatunterricht für das Gymnasium vorbereitet. Herbst 1873—76 besuchte ich das Progymnasium zu Siegburg und seit Herbst 1876 das Kaiser Wilhelm-Gymnasium zu Köln. Ostern 1880 mit dem Zeugnisse der Reife entlassen, wurde ich an der Kgl. Universität Bonn immatrikuliert, der ich bis jetzt noch angehöre. Während dieser Zeit widmete ich mich philologischen, philosophischen, archäologischen und historischen Studien. Ich hörte die Vorlesungen der Herren Professoren und Docenten Aufrecht, Bernays (†), Birlinger, Bischoff, Bücheler, Franck, Klein, Lübbert, Maurenbrecher, Nissen, Leo, Ritter, Schäfer (†), Usener, Wiedemann, Wilmanns. An den Uebungen des philologischen Seminars beteiligte ich mich als ausserordentliches Mitglied, war Mitglied der historischen Seminarien bei den Herren Professoren Ritter, Schäfer, Nissen, Maurenbrecher. Ausserdem war es mir durch das Wohlwollen des Oberbibliothekars Herrn Prof. Dr. Schaarschmidt vergönnt, vier Semester lang als Amanuensis die Bonner Universitätsbibliothek in freierer Weise benutzen zu dürfen.

Allen diesen Herren spreche ich hiermit meinen schuldigen Dank aus, besonders Herrn Prof. Dr. Maurenbrecher in Leipzig für die freundliche Anregung zu dieser Arbeit.